AF451812

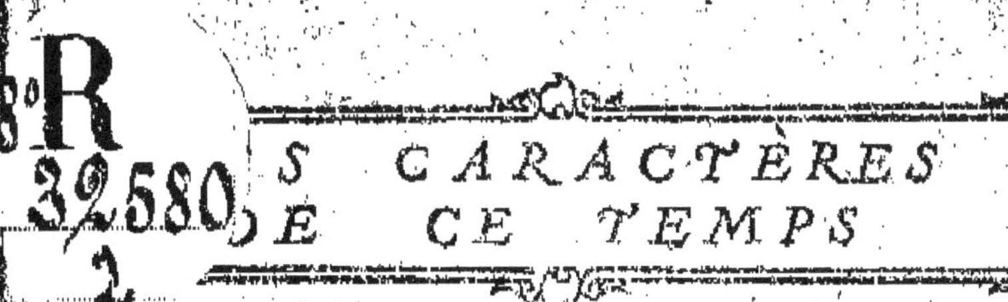

LE MAGISTRAT

PAR

PIERRE BOUCHARDON

A PARIS

Chez HACHETTE

LE MAGISTRAT

LE MAGISTRAT

PAR

PIERRE BOUCHARDON

A PARIS

Chez HACHETTE

*A un grand magistrat,
Monsieur le Premier Pré-
sident Eugène Dreyfus,
je dédie ce livre, en
hommage de ma haute
estime et de mon respec-
tueux attachement.*

P. B.

LE MAGISTRAT

CHAPITRE I

LE MAGISTRAT A TRAVERS LES AGES

A Rome, les magistrats étaient les maîtres de la cité; ils faisaient la loi. Depuis l'ancienne France, les nôtres se contentent de l'appliquer, et, à travers les âges, ils ont conservé un air de famille; on dirait qu'ils se sont transmis, de génération en génération, ce qu'on pourrait appeler *l'esprit magistrat*, c'est-à-dire un ensemble de préjugés, d'habitudes, d'attitudes, de traditions et de doctrines qui forment les assises mêmes d'un édifice plusieurs fois séculaire. On a pu changer les institutions, remplacer le vieux droit français par les codes de Napoléon Bonaparte, multiplier le nombre des lois, supprimer bien plus de la moitié des sièges dans les Cours et les Tribunaux, éliminer les personnalités hostiles. Ceci n'a pas modifié cela. Sous les soubresauts de la politique, les juges ont continué à assurer l'ordre avec une activité non interrompue et insensible, sans que leur prestige se soit éclipsé, sans que le pays leur ait retiré sa confiance.

Sauf qu'ils ne portaient plus la perruque, les magistrats de la Restauration et de Louis-Philippe, visages grimés par l'attention et attristés par l'ennui des longues audiences, n'étaient point si différents de leurs ancêtres d'avant 1789, et ceux d'aujourd'hui ont encore bien des traits communs avec leurs prédécesseurs de la seconde moitié du XIXe siècle.

Au temps jadis, les juges, levés avant qu'il fît jour, se rendaient au Palais, montés sur des mules et précédés d'un porteur de flambeau. Ils entendaient la messe avant de donner audience. Ils menaient une vie quasi monacale, ne sortant de leur logis que pour juger ou pour prier. Leur langage et leur maintien les marquaient d'un sceau indélébile. Sous la Restauration, les cours royales chantaient la messe du Saint-Esprit et certains présidents d'assises allaient communier les jours d'affaires capitales. Sous le Second Empire, il n'était pas si rare que des compagnies judiciaires siégeassent à sept heures du matin, et les magistrats avaient conservé, même à la ville, un type très reconnaissable. Si, de nos jours, ils ressemblent davantage à Monsieur Tout-le-Monde, du moins quand ils n'ont pas revêtu leur costume officiel, le même qu'en l'an XI, ils ont quelque peine à s'adapter aux habitudes de la vie actuelle. Il n'y a pas si longtemps qu'à Paris même plusieurs chambres du Tribunal et de la Cour ouvraient l'audience à onze heures du matin, alors que personne ne déjeune guère avant midi.

La langue du droit elle-même s'est peu modifiée à travers les siècles, et cela tient peut-être à ce qu'elle a souvent rencontré des formules définitives. Certes, il est facile de se moquer de certain jargon spécial à la procédure, des tours alourdis par lesquels les juges commencent chacun de leurs motifs, des *attendus* des Tribunaux de première instance et des *considérants* des Cours d'appel. Langue pédante, disaient jadis les beaux esprits; barbare, surenchérissaient les hommes de lettres; langue de la chicane, proclamait le gros public. Cependant, le Code civil, qui date déjà de cent vingt-trois ans, est écrit dans un style tout moderne. Impossible d'exprimer des idées, de poser des principes en des termes plus concis et plus clairs, avec des mots si appropriés qu'un Anatole France n'en renierait aucun. Ne raconte-t-on pas que Stendhal, afin de donner plus de précision à ses phrases, s'astreignait à lire chaque jour quelques-uns des deux mille deux cent quatre-vingt et un articles qui le composent ?

D'autre part, les magistrats de la Cour de cassation se transmettent, d'arrêts en arrêts, des expressions lapidaires si parfaites qu'on n'y saurait rien modifier ; ceux d'ailleurs qui les découvrirent les premiers avaient été nourris de l'ancien droit, ainsi du reste que les rédacteurs du Code civil.

En revanche, ce qui a beaucoup plus changé, bien que les lois soient devenues en quelque sorte innombrables, c'est la dimension des bibliothèques judiciaires. Le spirituel vicomte Louis-Marie de Cormenin le constatait déjà dans son *Livre des Orateurs* qui parut sous Louis-Philippe :

Il fallait jadis des bibliothèques hautes de dix coudées pour loger convenablement le Digeste et les Novelles, les Édits royaux et les Coutumes, avec leurs scolies et leurs dérivés. Grâce à Dieu, les voilà qui dorment tous, sans que personne y touche, dans leur respectable poussière... Un in-folio de mille pages, garni à double renfort de ses fermoirs de cuivre, ne contenait qu'un seul traité sur les substitutions ou sur la garde-noble. Aujourd'hui, un gros petit in-dix-huit enserre tous les Codes de l'Empire français, à savoir le civil et le criminel, et le commercial, et le militaire, et le correctionnel, et le rural, et le forestier; bien plus, avec notes et commentaires. Il n'y a pas d'étudiant qui, en allant au bal champêtre de Robinson, ne puisse emporter dans sa poche toute la Loi et les Prophètes...

Actuellement, grâce à des prodiges de typographie, on est arrivé à faire tenir tous les codes sous un format davantage restreint. On en a fait des livres de gousset, et c'est encore un peu de cette mise en scène qui s'en va, dont aimait à s'entourer le magistrat d'autrefois.

Le magistrat d'autrefois!

La présente plaquette manquerait vraiment à son titre, si elle ne consacrait quelques pages à ce type aujourd'hui disparu. D'abord, des liens de parenté assez étroits le rattachent au magistrat actuel qui n'a suivi qu'à distance l'évolution des mœurs, et c'était au surplus, sans remonter jusqu'aux Parlements, une assez originale figure pour qu'on lui fasse ici les honneurs d'un portrait.

CHAPITRE II

LE MAGISTRAT D'AUTREFOIS
SON HORREUR DES MOUSTACHES

SI les membres des Cours et des Tribunaux portent, à quelques détails près, le même costume qu'en l'an XI, quand Bonaparte, pour rétablir le prestige du corps judiciaire, leur rendit le bonnet et la robe, leur masque, qui s'était conservé à peu près immuable pendant la plus grande partie du xIX⁰ siècle, s'est profondément modifié. Qu'en 1820, en 1840, en 1850 ou en 1875, un voyageur, descendu de la diligence ou du convoi, se fût amusé à explorer une ville de province au hasard, il n'eût pas été long à désigner, sans risque d'erreur, au milieu de cinquante passants, le premier magistrat qui se serait trouvé sur sa route. Habit sévère, gravité de commande, lèvre rase, moue peu rassurante, profil de médaille, tel était le signalement. De nos jours, ce type n'offre plus que de bien rares échantillons, et encore sont-ils disséminés au fond de quelques rares cours souveraines. Quelques années encore, et il aura définitivement disparu, comme ont disparu le catogan et l'habit à la française....

A la ville, le magistrat ne se distingue plus du commun des mortels, et, à l'audience, il s'est affranchi de certaines modes qu'il considérait, il n'y a pas beaucoup plus de cinquante ans, comme un dogme, au point de les imposer à tous les officiants du temple de Thémis.

On raconte que, pendant l'été de 1858, où la chaleur fut véritablement caniculaire à Londres, l'avocat Knowles, qui plaidait devant la Cour de l'Échiquier, demanda, tout ruisselant de sueur, la permission d'enlever sa perruque.

Le lord-chief, qui, pour son propre compte, ne cessait de s'éponger le visage, ne se choqua pas outre mesure de cette requête insolite, mais la tradition — souveraine maîtresse de l'autre côté de la Manche — permettait-elle d'y faire droit ?

« Je cherche un précédent, dit-il après s'être absorbé dans une courte méditation. Je sais que, sous des climats d'une chaleur permanente où règne notre loi, avocats et juges prennent souvent licence de se découvrir la tête. Mais pouvez-vous m'affirmer que l'Angleterre, du fait d'une révolution atmosphérique, sera désormais et pour toujours soumise à cette température qui nous accable aujourd'hui ?

— Je n'oserais hasarder devant la Cour une affirmation aussi positive, répondit l'homme de loi.

— Pouvez-vous au moins prétendre que, sous le poids de votre perruque, vous souffrez de maux de tête intolérables ou de vertiges ? Vous sentez-vous menacé d'un transport au cerveau ?

— A Dieu ne plaise ! Ce serait demander le renvoi de la cause, et il y a urgence pour mon client à être jugé. Ma coiffure n'est qu'une incommodité, et une incommodité, pour cruelle qu'elle puisse être par cette chaleur tropicale, n'est pas une maladie. »

Et, au prix d'un suprême effort, l'avocat britannique plaida, perruque sur la tête.

L'anecdote prête à sourire. Pourtant, le temps n'est pas si loin où nos magistrats se montraient moins accommodants encore que le juge de Londres au sujet de certaines traditions qui n'avaient même pas le mérite d'être plusieurs fois séculaires.

C'était l'époque où messieurs de la Cour et messieurs du Tribunal, obéissant à la coutume bien plus qu'à des instructions supérieures, se faisaient raser la bouche et également les joues, à moins qu'ils ne portassent les favoris taillés en buissons. Et cette coupe de barbe était uniforme à tous les degrés de la hiérarchie, que les magistrats fussent jeunes ou qu'ils fussent vieux, qu'ils eussent la mine renfrognée ou la figure poupine. Ils la considéraient comme faisant partie de leur costume, comme indispensable au prestige du corps judiciaire tout entier, et, pour que rien ne vînt déparer la majesté des prétoires, ils proscrivaient la moustache chez tous les gens de robe — avocats, avoués, greffiers et huissiers — qui gravitaient autour d'eux.

Il y eut, à ce propos, l'*affaire des moustaches*, comme il y a eu dans l'histoire l'*affaire des poisons* ou la *Journée des Dupes*, et cette minuscule cause célèbre fut portée jusque devant la Cour suprême, où elle eut son dénouement.

En l'an de grâce 1844, le Tribunal d'Ambert, dans le Puy-de-Dôme, comptait dix-neuf avocats inscrits au barreau. C'était beaucoup pour une petite ville de six mille âmes. Or, un certain jour, sans se soucier d'un usage sévèrement gardé, trois jeunes maîtres parurent à la barre avec des moustaches. Le Tribunal leur adressa deux fois des observations, et le président écrivit même au bâtonnier de l'ordre pour l'inviter à mettre fin à un tel scandale. Admonestations, plainte écrite, tout demeura inutile, et, des trois rebelles, deux reparurent à l'audience, sans avoir voulu sacrifier l'ornement coupable. Cette fois, la mesure était comble. Poursuivis, à Ambert même, pour atteinte à la dignité de la justice et manque de respect envers les magistrats, les avocats frondeurs furent frappés de la peine de la réprimande avec censure simple. On avait exhumé, pour la leur appliquer, une ordonnance royale de 1540 qui faisait défense « à tous juges et avocats de porter barbe, pourpoints, chausses et autres habits dissolus ». Ils interjetèrent appel, mais la Cour royale de

Riom confirma la sentence des premiers juges. Les deux condamnés se pourvurent alors en cassation, et, le 6 août, la Chambre des requêtes eut à examiner le grave problème qui lui était soumis. Après de patientes recherches, le rapporteur, M. de Gaujal, put faire un historique complet de la question et compétemment disserter sur la barbe des magistrats à travers les âges.

Il les montra, au XVI⁰ siècle, d'abord bouches et mentons nus, puis les mêmes ornés de longues barbes, à l'époque où Michel de l'Hospital, suivant le mot de Brantôme, avait l'air de Caton le Censeur. Il les montra portant la moustache et la royale pendant la plus grande partie du XVII⁰, et revenant enfin, pour s'en tenir à cette mode parfaite, aux lèvres rasées.

« Les juges d'Ambert, dit en terminant l'érudit conseiller, ont considéré que le port de la moustache manquait par trop d'harmonie avec le costume officiel dont les avocats se trouvent revêtus à l'audience. Une telle appréciation peut-elle prêter à critique, quand nul n'ignore que la moustache est seulement d'usage chez les militaires, et que, si elle bénéficie d'une tolérance tout à fait exceptionnelle dans l'ordre civil, elle n'est en tout cas admise ni dans la magistrature, ni au barreau ? »

Ainsi éclairée, la Chambre des requêtes, que présidait M. Zangiacomi, n'hésita pas à rejeter le pourvoi. On aime à croire qu'elle avait d'autres sujets de méditations....

Mais, va-t-on dire, l'incident, digne d'inspirer un nouveau *Lutrin* à un nouveau Boileau, date de l'an quarante ou presque, et il est né de la susceptibilité un peu ridicule d'un petit tribunal de province.

Erreur! L'affaire était d'importance, et les juges de Paris eussent pu rendre des points aux juges d'Ambert. Déjà, sous Louis XVIII, le baron Antoine-Jean-Mathieu Séguier, qui, sa vie durant, occupa le siège de premier président de la Cour d'appel de Paris et cultiva tous les régimes, que ce fût le Premier Empire, la Restauration, la Monarchie de Juillet ou la Seconde République, ne tolérait nulle infraction à l'usage, même légère, dans la tenue de quiconque portait la robe. Sous le Second Empire, la question des moustaches était demeurée au premier rang dans l'ordre des soucis judiciaires. On se préoccupait même de la couleur de la cravate sous le rabat et de celle du pantalon sous la toge.

N'était-ce pas l'époque où un jeune professeur du collège de Chaumont, nommé Francisque Sarcey, qui avait osé écrire à son recteur, pour revendiquer la liberté de la barbe, rappelant « que la sage antiquité avait fait du nom de *glabre* une sanglante injure », se voyait déplacé sur l'heure et envoyé en disgrâce au fin fond de la Bretagne, à Lesneven?

Dans un article que publia, il y a trente ans, la *Revue du Palais*, maître Léon Cléry, évoquant d'une façon charmante ses souvenirs de jeune avocat parisien, a conté comment, en 1853, le premier président Delangle et d'autres hauts magistrats en usaient avec les stagiaires. Donnons-lui la parole. La page perdrait au plus léger commentaire ou à la moindre coupure:

Il n'y a pas que le monument qui ait changé d'aspect, et un de mes contemporains qui se serait endormi alors et qui se réveillerait aujourd'hui pourrait croire qu'il continue un rêve.

Des magistrats barbus et moustachus, des avocats moustachus et barbus, et aussi des greffiers..., et non moins des huissiers. Si bien qu'entrant à l'improviste dans une salle d'audience, cet Épiménide, réveillé soudain, se pourrait croire dans un poste de garde nationale sous le règne de Louis-Philippe, au milieu des « bisets », costumés en gens de loi.

Des moustaches à l'audience ! Mais le premier président Delangle a fait ajourner un malheureux stagiaire qui, avant de prêter serment, s'était présenté, en moustaches, chez son concierge pour déposer sa carte.

Et le costume, alors ! Croyez-vous qu'il serait entré dans la tête d'un avocat d'alors de se présenter à la barre autrement qu'en cravate blanche? Je me souviens encore de l'apostrophe adressée à l'un de mes camarades par un président scandalisé. C'était en été. Le malheureux, qui arrivait de la campagne, n'avait pas eu le temps de passer chez lui pour y rectifier son costume, et il se présentait à l'appel des causes, laissant apercevoir sous sa robe un pantalon blanc et sous son rabat une cravate noire.

Le président découvre cette hérésie et, d'un ton qui n'admettait pas de réplique, il lui crie :

« Maître, si vous aviez votre pantalon autour de votre cou, et votre cravate autour de vos jambes, vous seriez à peu près en tenue. »

Cet *à peu près* est tout un poème.

En 1864, il n'y avait rien de changé, bien au contraire. Le rigorisme de la tenue n'admettait aucun tempérament, et la moustache, si peu qu'elle s'estompât sur la lèvre, continuait à être impitoyablement bannie du prétoire, côté cour ou côté barreau.

Oyez plutôt ce petit incident d'audience, rapporté par le journal *le Droit* dans son numéro du mercredi 28 décembre :

A la deuxième chambre de la Cour impériale de Paris, un jeune avocat prend des conclusions.

« Maître, interrompt le président, vous ne devriez pas ignorer que l'usage interdit de se présenter à la barre avec des moustaches ?

— Je croyais que les miennes étaient tellement imperceptibles que messieurs les conseillers ne pouvaient les apercevoir.

— Ce n'est pas une question de quantité; c'est une question de principe.

— Alors, je vous demande de vouloir bien renvoyer mon procès à plus tard, afin que je puisse me présenter devant la Cour *en état*.

— Passe pour une fois, et je vous autorise, à titre exceptionnel, à plaider aujourd'hui. Mais, à l'avenir, veuillez tenir compte de mon observation. »

CHAPITRE III

SON INSENSIBILITÉ

AUSSI chatouilleuse gardienne du décorum dans les infiniment petits, la magistrature d'autrefois n'était pas seulement glaciale et distante, elle était encore profondément insensible. Elle l'était, sinon par sécheresse de cœur native, du moins par endurcissement professionnel, surtout par tradition. Le même maître Léon Cléry ne le lui envoie pas dire :

On ne pouvait rien voir de plus rogue, a-t-il écrit, *de plus hautain, de moins bienveillant, de moins humain, que les juges de Napoléon III. La répression était impitoyable et les moindres délits se payaient au maximum.*

Les magistrats siégeant aux appels de police correctionnelle avaient trouvé un moyen ingénieux de vider leur rôle. Lorsqu'un malheureux, déjà frappé trop rudement en première instance, se présentait devant la Cour, on lui laissait exposer tranquillement sa petite affaire. Je dis tranquillement, parce que personne ne l'écoutait, ni lui, ni son avocat.

Puis, quand c'était fini, le président se tournait du côté de l'avocat général et, d'un ton sec :

— Monsieur l'avocat général, est-ce que vous n'interjetez pas appel à minima ?

— Comment donc ? répondait le ministère public. Mais je ne suis ici que pour cela ! Avez-vous pu penser un moment que je n'allais pas interjeter appel à minima ? Mais je l'interjette, monsieur le président, je l'interjette des deux mains, si j'ose m'exprimer ainsi. »

Et le pauvre diable, venu là dans l'espoir de prouver son innocence ou de bénéficier d'un peu d'indulgence, se voyait infliger une augmentation de peine, destinée surtout à dégoûter les autres de ce petit voyage devant la juridiction supérieure.

Et ces juges n'étaient pas des bourreaux ; il y en avait même qui eussent été d'assez braves gens !

Mais, que voulez-vous ?... C'était dans l'air...

Dans une affaire qui eut quelque retentissement au cours des années 1854 et 1855 et où les premiers juges avaient épuisé le maximum, les magistrats du second degré trouvèrent un ingénieux moyen d'augmenter considérablement la peine. Leur arrêt, d'ailleurs, a fait jurisprudence.

Il s'agissait d'une institutrice de fort bonnes manières. Célestine Doudet — c'était son nom — après avoir été demoiselle d'atour chez la reine Victoria, avait su se créer dans la société londonienne les relations les plus flatteuses. Quand elle revint à Paris pour y fonder un petit pensionnat, le docteur James Loftus Marsden n'hésita pas à lui confier ses cinq filles. Mais bientôt les voisins la dénoncèrent, lui imputant des sévices graves sur la personne de ses élèves. De fait, les enfants avaient dépéri, et l'aînée ne tarda pas à succomber, sans que l'origine et la nature de son mal eussent été bien déterminées. Sur la plainte du père, la justice se saisit, et Célestine Doudet fut renvoyée devant les assises de la Seine pour coups mortels. Acquittée de cette accusation, elle eut alors à rendre compte des violences relevées contre elle à l'égard des quatre autres petites Marsden, et les juges de la sixième Chambre la condamnèrent à deux ans de prison. C'était le maximum. Le cas apparaissait néanmoins comme fort délicat. Ou bien l'institutrice, qui avait toujours protesté de son innocence, se trouvait victime d'un véritable syndicat de commérages, ou bien, sous des dehors trompeurs, elle cachait une âme foncièrement et froidement cruelle. En cet état du procès, ce fut Berryer qui se chargea de la défendre, et même il se refusa à accepter le moindre honoraire. Quand l'affaire fut portée devant la *Chambre des Évêques* — ainsi appelait-on la Chambre des appels correctionnels, bien que la confirmation simple satisfît rarement son ardeur répressive — les conseillers, qu'un appel à minima avait mis en appétit, se préparèrent à frapper comme des sourds et à appliquer le tarif le plus fort. Mais comment ajouter à une décision qui avait épuisé les sévérités de la loi ? Rien de plus simple. Ils relevèrent la circonstance aggravante de préméditation qu'avait laissée de côté l'ordonnance de renvoi, et ils purent ainsi infliger à Célestine Doudet un nouveau maximum : cinq années d'emprisonnement.

Qu'aurait donc pensé maître Léon Cléry, s'il avait prêté serment trente ans plus tôt, quand les magistrats de la Restauration condamnaient à mort, avec la même tranquillité d'esprit que s'ils eussent remonté leur montre ou noué leur rabat, une fille infanticide de dix-huit ans ou un faux monnayeur coupable d'avoir blanchi, en la frottant de mercure, une pièce de deux sols ? Les vit-on jamais, quand la loi leur en donnait le droit, s'unir à la minorité du jury pour sauver une tête ? N'est-ce pas le conseiller Gaspard-Allois-Édouard Tournu de Ventavon qui, appelé à donner son avis sur l'opportunité de faire grâce au ténébreux jeune homme que Stendhal a appelé Julien Sorel dans *le Rouge et le Noir*, écrivait avec une impérieuse conviction au garde des sceaux :

Monseigneur, l'arrêt est juste. Il m'est arrivé de concourir à des arrêts portant condamnation à des peines plus ou moins graves et de les trouver sévères, quoique justes. Loin de trouver celui rendu contre

Berthet sévère, je pense qu'il était nécessaire, dans l'intérêt de la société, de frapper du glaive de la loi un homme qui l'avait étonnée par l'atrocité d'un crime commis avec tant d'éclat et de publicité que Berthet n'a pas osé élever même un léger doute sur les circonstances qui l'accusaient. Il a donc été condamné avec justice et sans sévérité.

M. de Ventavon connaissait sans doute des châtiments plus sévères que la mort ! Et son rapport apparaîtra véritablement inexorable, quand on saura que la victime se portait fort bien et que le criminel s'était fracassé la mâchoire d'un coup de pistolet.

C'est que les magistrats avaient alors toutes les insensibilités : l'insensibilité des vieillards parvenus à l'extrême limite de la vie humaine, l'insensibilité des gens de robe, dont beaucoup avaient assisté, dans leur jeunesse, aux supplices atroces d'avant la Révolution. Jusqu'en 1852, ils n'eurent, en effet, d'autre limite d'âge que la mort. Les octogénaires, voire même les nonagénaires, n'étaient donc point si rares parmi eux. Sans doute, une loi de 1824 avait habilité les Cours royales à proposer l'admission à la retraite de ceux que des infirmités *graves* et *permanentes* mettaient hors d'état d'exercer leurs fonctions, mais, pour peu que le magistrat menacé se défendît ou alléguât sa détresse pécuniaire, ses pairs avaient scrupule à le sacrifier. Au fond, ne descendait de son siège que celui qui le voulait bien.

Les Tribunaux et surtout les Cours se trouvaient donc peuplés de vieillards, quelques-uns cacochymes, d'autres complètement sourds, d'autres aveugles. Et quand, de cette dernière infirmité, trop patente pour pouvoir être dissimulée, on faisait un moyen de cassation, le procureur général près la Cour suprême le combattait victorieusement, comme le fit l'ironique Dupin à l'occasion du pourvoi du lieutenant de la Roncière :

Je ne connais aucune loi française qui déclare incapable de ses fonctions le magistrat aveugle... L'on peut dire qu'il est des aveugles très clairvoyants qui reconquièrent par la méditation ce que tant d'autres perdent par des distractions d'audience. N'y a-t-il pas quelque grande leçon morale dans l'allégorie qui représente la Justice avec un bandeau sur les yeux ?

Plusieurs de ces ancêtres venaient des présidiaux ou des parlements. Ils avaient fait donner la question et, si ce n'étaient eux, c'étaient leurs pères. Ils avaient cru réaliser ainsi — et de quelle atroce façon ! — les supplices que les prêtres s'ingénient à imaginer, lorsqu'ils parlent de l'enfer, et anticiper en quelque sorte sur la damnation éternelle. Sous le régime de la guillotine, dont le couperet séparait l'âme du corps avec la rapidité de l'éclair, que devenait l'*épuration par la souffrance* ? Comment obtenir des aveux, sans ces moyens variés tels que les brodequins, l'estrapade, le feu et l'eau, qui transformaient la chambre d'instruction en un cabinet de chirurgie ? Sans la torture, celle d'avant la sentence et celle d'avant l'exécution, toutes les deux administrées avec une variété de raffinements qui, selon le mot de Voltaire, aurait fait trembler Busiris, le tyran d'Égypte, comment le criminel pouvait-il, dans l'autre vie, obtenir miséricorde ?

On les trouvait donc, ces magistrats en robes rouges, fermés à tout sentiment de compassion. Ni l'âge, ni le sexe, ni la nature du crime, à l'époque où, il n'y a pas cent ans, certains vols et la fausse monnaie faisaient encourir la peine capitale, ne les incitaient à fléchir le souverain et à intercéder, dans leurs rapports, pour qu'il voulût bien user de son droit de grâce. Ils ne se sentaient pas soulevés d'horreur, comme Victor Hugo qui, en traversant la place de Grève à la fin de l'été de 1825, se voila les yeux et manqua défaillir au seul prologue de l'exécution, quand le bourreau, après avoir lié au billot le poignet du parricide Jean Martin, leva sa hachette. La mutilation et ensuite la machine à décapiter, fade supplice à la vérité en comparaison de celui de Damiens, tenaillé aux bras, aux cuisses et aux mamelles, aspergé dans sa chair vive d'huile, de poix, de soufre, de cire et de plomb bouillants, écartelé enfin, sans que le chancelier Maupeou voulût tout d'abord permettre, après que les chevaux eurent vainement tiré, qu'on donnât un coup de tranchoir aux jointures !

CHAPITRE IV

SES MOYENS DE PARVENIR

MAIS ces magistrats au cœur de pierre — et l'espèce s'en perpétua fort longtemps après la Restauration — se recommandaient-ils au moins par leur indépendance à l'égard du pouvoir, par leur dédain de l'avancement, par leur culture juridique, par la hauteur de leur caractère ? Beaucoup sans aucun doute. Tous, non.

Aussitôt après la révolution de 1830, la prudente *Gazette des Tribunaux* se départit pour une fois de la note respectueuse qu'elle s'est imposée, et, sous la plume de son rédacteur en chef Darmaing, elle se livra, contre les juges de Charles X, à la plus virulente des diatribes.

N'était-ce pas un vrai scandale, écrivit-elle dans son numéro du 1er août, *que cette Cour de cassation où, depuis plusieurs années, chaque ministère envoyait ses créatures et ses commis pour les récompenser de la servilité de leurs votes législatifs, de leurs relations de cabinet ou de la cruelle véhémence de leurs réquisitoires ?... Mais ce qui n'exige pas moins de prompts remèdes, appliqués d'une main* ferme et sévère, c'est la magistrature du parquet, infectée d'ambition, d'incapacité, de sentiments hostiles contre le barreau, de servilité envers la Chancellerie. De quels scandales n'avons-nous pas été témoins ? Quel ignoble langage n'avons-nous pas entendu sortir de la bouche des organes du ministère public?

Et, dans son numéro du 17 août, elle revenait à la charge :

Qui ne sait que, depuis la Cour de cassation, réceptacle de tous les dévoûments politiques qui ne pouvaient arriver à la Chambre des pairs, jusqu'au plus obscur tribunal d'arrondissement, la robe de magistrat était devenue la récompense des services rendus, non à la science et au pays, mais à la camarilla et à la congrégation ; que la servilité, appuyée d'un billet de confession, était le premier titre aux faveurs d'un pouvoir qui prétendait faire du juge une machine à condamnation, comme du soldat une machine à massacre?

Attaques bien violentes, dira-t-on, et, comme telles, suspectes de parti pris, d'injustice et de rancune. Soit.

Il est cependant un homme dont on ne saurait récuser le témoignage en l'occurrence, car il était plus royaliste que le roi : j'ai nommé le procureur général Nicolas-François Bellart.

On peut penser tout ce qu'on voudra de ce magistrat

au teint livide, aux mœurs austères, aux allures sombres de grand inquisiteur, insoucieux des honneurs, de la gloire et de la fortune. On peut blâmer la passion et l'absence de mesure avec lesquelles il accusa le maréchal Ney. On peut trouver qu'il passa bien vite de son admiration pour Napoléon à son dévouement à Louis XVIII. Mais, quand il eut été placé à la tête du parquet général de Paris, où il déploya un labeur presque surhumain, sans solliciter jamais d'autre récompense qu'une retraite anticipée, il fit vraiment belle figure. Sa correspondance officielle qui a été conservée, fière et digne à l'égard des puissants, paternelle ou bienveillamment grondeuse à l'égard de ses subordonnés les plus humbles, est celle d'un chef, d'un homme de cœur et non d'un homme de cour.

Or, voici ce qu'il écrivait au garde des sceaux, le 3 septembre 1815, peu de temps donc après avoir pris possession de son poste :

Honorablement composée, la Cour royale de Paris, on ne peut le dissimuler, laisse pourtant quelque chose à désirer sous le rapport de la masse de doctrine et de lumières. On y trouve certainement plusieurs magistrats fort distingués par leur jugement, leur science et leur connaissance des affaires. Il faudrait que ce fût le plus grand nombre : c'est le petit.

Et, seize mois plus tard, il jetait ce cri d'alarme :

5

Deux places, Monseigneur, viennent de vaquer dans le tribunal civil de Paris. C'est un double malheur, car les magistrats que nous venons de perdre n'étaient pas seulement deux hommes de bien ; c'étaient deux juges forts, et ce tribunal a grand besoin de ne pas voir se multiplier ses pertes en ce genre.

Cependant, déjà les ambitions se mettent en campagne. Votre Grandeur va être assiégée de demandes, de recommandations et d'importunités. Protecteurs et clients, tout le monde ne voit aujourd'hui dans une fonction que les salaires, sans s'occuper des qualités qu'elle exige... On dirait qu'il s'agit de pensions ou de récompenses à distribuer, et que, pour être apte à remplir une magistrature, il suffit d'être en état de donner une quittance.

De cette manière presque universelle d'envisager les choix résultent les plus graves abus, dont le plus dommageable de tous est la promotion de sujets vraiment incapables, et qui arrivent à la puissance de disposer de la vie, de l'honneur et de la fortune des hommes, sans même avoir les premières notions qu'exige cette redoutable fonction, et sans se douter des difficultés techniques qu'ils rencontrent dans l'exercice de ce ministère, dont ils ne voient rien, si ce n'est que la place leur convient, quoiqu'ils conviennent fort peu à la place....

Et, après avoir ainsi protesté contre de telles intrusions dans le premier ressort de France, Bellart haussait le ton encore. En magistrat qui sait mal farder la vérité, il étalait sous les yeux du garde des sceaux un assez triste bilan :

Je trahirais indignement la confiance dont m'honore Votre Grandeur, cette confiance qui fait mon orgueil, si, par de lâches complaisances pour les hommes, je lui laissais croire que la Cour royale est forte.

Elle est faible, Monseigneur, très faible.

A côté de quelques hommes consommés dans les affaires et qui sont l'honneur de leur corps par leurs lumières comme par leur intégrité, de quelques hommes dont la force personnelle sauve le corps qu'ils dirigent de l'espèce de nullité dans laquelle il serait menacé de tomber sans eux, se trouve une grande masse de magistrats respectables par leurs vertus et par leurs intentions, mais dont l'éloge est fini dans ces termes : peu d'instruction dans certains d'entre eux, peu d'aptitude dans un grand nombre à remplir les parties difficiles de leur ministère. Aussi, quand ces derniers vont exercer dans les départements, ou même exercent à Paris la présidence d'assises, présidence, à la vérité, qui requiert un rare concours de facultés, recueillé-je quelquefois, sur la manière dont les débats ont été suivis, des renseignements doublement douloureux, en ce que j'y trouve la preuve, et que l'honneur de la Cour a été compromis, et que, ce qui est bien pis, que l'intérêt de la société a été mal servi.

Si, de la Cour royale, nous passons au Tribunal de Paris, nous y trouvons la même composition, la même faiblesse et la même incapacité dans la multitude, heureusement rendues un peu plus insensibles par le mélange d'un certain nombre de juges routinés aux affaires et qui se font chefs d'opinion.

Quant aux tribunaux des villes du dehors, Votre Grandeur sait ce qu'on en dit. De tous côtés, on répète que ces tribunaux sont composés de juges insignifiants, et qu'on ne trouve pas facilement, même des hommes médiocres, pour remplir les vacances, à mesure qu'il en arrive.

Rien n'est plus vrai.

Le mal ainsi mis à nu, Bellart n'hésitait pas à en dénoncer et à en flétrir le principe. Quelle leçon donnée à celui que, sous Napoléon Ier, on appelait le *grand juge !*

Le patronage, Monseigneur, est la peste et la cause de la destruction la plus active de toute bonne administration. Le patronage est sans dignes.... Toutes les antichambres des grands, et vous ne le savez que trop, sont encombrées de solliciteurs. Un magistrat qui veut, ou entrer ou avancer dans les *tribunaux, ne connaît plus d'autres moyens que d'ébranler la Cour et la ville en sa faveur. Ce sont des lettres, des importunités, des exigences, je dirais presque des violences, à n'en plus finir. Pour le peu que cette disposition augmente, le temps viendra où on demandera une magistrature le pistolet à la main.... Quiconque sollicite et fait solliciter avec cette fureur ne se confesse-t-il pas, par cela même, indigne de la fonction qu'il convoite, fonction à laquelle on n'est propre que par des vertus, dont les premières sont la pudeur et une juste défiance de soi-même ?*

Ainsi écrivait le sévère procureur général à une époque cependant où la magistrature, encore peu nomade parce qu'attachée à sa province, se trouvait suffisamment rentée pour faire fi d'appointements, d'ailleurs fort médiocres. Et ce qu'il stigmatisait sous le nom de *peste* n'était pas loin de lui apparaître comme la onzième plaie d'Égypte. Qu'eût-il pensé, s'il avait pu revenir au monde beaucoup plus tard ? A son mot, un peu démodé, de *patronage*, l'écho n'eût-il pas répondu : *favoritisme, népotisme*, et, pour employer un vocable tout à fait moderne, *arrivisme* ?

Dès 1852, les gardes des sceaux avaient dû se préoccuper de consigner leurs portes aux quémandeurs. C'est Abbatucci qui envoyait, le 8 mars, cette circulaire à tous les procureurs généraux de France :

Il est bon que l'on sache que je refuserai toute audience aux magistrats qui déserteraient leurs devoirs et leurs fonctions, dans le but unique d'accroître par leur présence et leurs sollicitations les chances de succès pour leur ambition. Ce serait à mes yeux, de leur part, une marque de défiance dans l'impartialité ou la vigilance du ministre. Qu'ils s'adressent à leurs chefs ; que ceux-ci adressent au ministère leurs demandes écrites ; les uns et les autres sont assurés du soin religieux avec lequel ces demandes seront lues et appréciées, mais alors seulement les magistrats garderont leur dignité, et le ministre l'estime qu'il a pour eux.

1er août 1859, nouvelle circulaire, signée celle-ci de Delangle :

Dès qu'une place devient vacante, souvent même avant que la mort ou la retraite du titulaire l'ait rendue disponible, ceux d'entre les magistrats qui se croient des titres à l'obtenir s'empressent, les uns de venir solliciter en personne, les autres d'envoyer des demandes et des lettres de recommandation.

Je ne sais rien de plus inconvenant que ces visites dans lesquelles le candidat, tout au but qu'il poursuit, s'exalte sans mesure et ne craint pas de rabaisser les collègues qu'il considère comme des rivaux.

Il peut arriver, et c'est le cas le plus fréquent, que les lettres de recommandation émanent de personnes *considérables et dont, en général, la parole mérite attention ; mais quelle influence peut exercer, sur le choix de la magistrature, le témoignage des personnes même les plus honorables, quand elles sont étrangères à l'administration de la justice, ignorantes de ses besoins, de ses susceptibilités, de ses règles ?*

Vox clamantis in deserto. Les ministres ne furent pas obéis et on peut même douter qu'ils se soient toujours conformés aux principes dont ils avaient affirmé, en termes excellents, la nécessité impérieuse. Neuf mois avant sa mort, le 14 février 1868, Berryer n'hésitait pas à faire, à la tribune de la Chambre, le procès des nominations judiciaires venant, chaque année et à chaque occasion, récompenser des services politiques. Et, comme le garde des sceaux, visiblement mal à l'aise, le sommait de citer des faits, le vieil aigle lui répondit de ce ton dominateur qui avait rempli tant de prétoires :

« Vous l'exigez. Je le ferai très clairement ; mais je demande, par respect pour mes habitudes et pour mon caractère, à ne pas produire ici de noms propres.... Il y a, à Paris, trois chambres de police correctionnelle, mais la sixième est celle à laquelle sont déférés exclusivement les délits politiques.

« Eh bien ! le magistrat qui présidait la sixième Chambre en 1859 a été nommé conseiller au commencement de 1860 ; celui qui la présidait en 1860 a été nommé conseiller en 1861; celui qui la présidait en 1861, conseiller en 1862; celui qui la présidait en 1862, conseiller en 1863; celui qui la présidait en 1863, conseiller en 1864; celui qui la présidait en 1864, conseiller en 1865; celui qui la présidait en 1865, conseiller en 1866; celui qui la présidait en 1866, conseiller au commencement de 1867. Nous attendons le sort de celui qui la préside en ce moment. »

Bellart avait raison de s'élever contre le patronage, mais, atrabilaire de nature, peut-être a-t-il apprécié trop sévèrement une magistrature qui renaissait à peine de ses cendres, magistrature au surplus trop nombreuse pour ne pas être encline à l'oisiveté.

Il faut le recul de l'histoire pour la juger d'une façon impartiale. Que n'a-t-on pas dit des Parlements ? On leur a reproché à l'époque — et la critique valait — leur superbe, leur intolérance, leur égoisme, leur rigueur, leur esprit rétrograde. On ne saurait pourtant méconnaître ce qu'il y a eu en eux d'éminent et de rare. Les grands orgueilleux qui les composaient avaient toutes les qualités de leurs défauts. Ils osaient résister au pouvoir absolu; ils savaient souffrir pour ce qu'ils pensaient être la justice; l'autorité qu'ils tenaient de leur indépendance et de la gravité de leurs mœurs s'imposait aux plus hostiles, et l'on conçoit que Royer-Collard aimât à répéter qu'il avait appris le respec^t à la Grand'Chambre du Parlement de Paris. D'ailleurs, une institution, où se sont révélés des hommes tels que de Harlay, Talon, de Thou, Molé et de Brosses, demeure comme un monument historique.

De même, pour rendre à un passé moins lointain pleine et entière justice, il convient de ne pas condamner tout d'un bloc les magistrats de la première moitié du XIXᵉ siècle. Beaucoup, à commencer par Bellart, furent égaux aux plus grands, et, chez les autres, il y avait plus d'imperfections ou de ridicules que de tares véritables. Imagine-t-on que Balzac ait créé de toutes pièces le procureur général de Granville, le juge parisien Popinot, le vice-président provincial Blondet et le juge de paix Bongrand ? Pour dessiner ces admirables figures, il a certainement regardé autour de lui et recueilli des traits épars dans un monde judiciaire, riche malgré tout de talents et de vertus.

L'accusateur du maréchal Ney a été particulièrement dur pour les présidents d'assises, de tous les magistrats ceux qui ont peut-être le plus à affronter l'opinion publique. Il en fut pourtant de cette génération qui laissèrent des noms hautement respectés, pour avoir fait preuve d'indépendance, de mérite et de courage.

C'est le conseiller Gaillard qui, désigné pour aller présider la session des assises de l'Yonne, dont l'ouverture était fixée au 1ᵉʳ mars 1814, se mit en route, bien que les Alliés occupassent à peu près tous les chemins et ne fussent jamais aussi heureux que lorsqu'ils pouvaient envoyer comme otage, au fin fond de l'Allemagne, un haut fonctionnaire de l'Empire. Arrivé à Auxerre après un pénible et périlleux voyage, il obligea ses assesseurs, tout glacés d'effroi, à monter avec lui à l'audience. Et, le lendemain, l'ennemi occupait la ville.

C'est le conseiller de Monmerqué qui présida l'affaire des sergents de la Rochelle (1) avec une impartialité à laquelle l'accusé Bories tint à rendre un public hommage, aussitôt après sa condamnation à mort. Bien que fidèle royaliste, il ne craignit pas de se heurter plusieurs fois, au cours des débats, avec l'avocat général de Marchangy, dont la passion ne sut pas tou-

(1) A l'époque où les complots contre le régime des Bourbons se multipliaient, le *carbonarisme* avait gagné à sa cause le sergent-major Bories, du 45ᵉ de ligne, alors en garnison à Paris. Ce sous-officier réussit à faire des prosélytes dans son régiment : le sergent-major Pommier, les sergents Goubin et Raoulx, d'autres encore....

Il s'agissait, à un signal donné, de participer à une vaste sédition militaire qui aboutirait à la proclamation de la République. Mais, sur ces entrefaites, en janvier 1822, le 45ᵉ de ligne reçut l'ordre de gagner la Rochelle et la conspiration ne tarda pas, la délation aidant, à être découverte.

Traduits devant la Cour d'assises de la Seine pour complot contre la sûreté de l'État, les *quatre sergents de la Rochelle* furent condamnés à mort le 5 septembre 1822 et exécutés par la guillotine le 21 septembre suivant.

Avant de livrer sa tête au bourreau, Bories se tourna vers la foule silencieuse et lança cette phrase :

« Rappelez-vous que c'est le sang de vos frères qu'on fait couler aujourd'hui »

jours se contenir. Comme ce fougueux accusateur venait de s'emparer de la réponse d'un comparse et y ajoutait, de sa propre autorité, un membre de phrase, prenant les jurés à témoin de l'excellence de son oreille et ne permettant point aux avocats de protester, M. de Monmerqué l'interrompit d'un ton sévère :

« Je regrette de dire au ministère public que je crois qu'il s'est trompé. »

C'est le conseiller Férey qui, le 4 juillet 1835, termina son résumé dans l'affaire du lieutenant de la Roncière (1) par ces nobles paroles que l'on eût pu graver, en lettres d'or, sur la porte de tous les prétoires d'assises :

« Au milieu de tant d'agitations, quel sera votre guide ?

« Votre guide, messieurs, il n'en est qu'un seul qui

(1) Émile-François-Guillaume-Clément de la Roncière, lieutenant de lanciers, avait été poursuivi, devant la Cour d'assises de la Seine, pour tentative de viol sur la personne d'Augustine-Marie de Morell, fille du général commandant l'école de cavalerie de Saumur.

Après de très dramatiques débats, où prirent la parole Odilon Barrot et Berryer pour la partie civile et Chaix d'Est-Ange pour l'accusé, celui-ci s'entendit condamner, le 4 juillet 1835, à dix ans de réclusion.

Il accomplit sa peine à la maison centrale de Melun, mais remise lui fut faite des deux dernières années.

Plus tard, en 1849, il obtint sa réhabilitation, puis il fut appelé à remplir divers emplois dans les colonies.

Tout permet de supposer qu'il était innocent. Une jeune fille hystérique machina toute l'affaire.

ne puisse égarer, un seul qui soit infaillible, celui qui vous a dirigés pendant le cours de cette session : la conscience ! la conscience, contre laquelle viennent se briser toutes les passions! la conscience qui ne s'émeut pas aux paroles et qui ne se laisse pas entraîner aux considérations, qui recule devant le doute, *parce que le doute équivaut à la conviction de l'innocence*, la conscience qui prend pour base de ses arrêts la vérité appuyée *sur des preuves claires, certaines, incontestables !* C'est à cette condition que la loi vous investit de vos redoutables fonctions, que la société vous remet ses plus graves et ses plus chers intérêts, que les familles viennent se placer sous votre protection, et que les accusés qui ont le sentiment de leur innocence se confient à vous et vous acceptent sans trembler pour juges. »

Gaillard, de Monmerqué, Ferey! trois beaux caractères de magistrats! Et, parmi leurs contemporains, la liste n'est point close, tant s'en faut....

CHAPITRE V

SA MORGUE

MAIS il y avait les autres, et de ceux-ci le portrait a besoin de quelques touches encore. Dès qu'ils s'étaient carrés dans leurs fauteuils, ils n'étaient pas seulement hautains, tracassiers et distants à l'égard du barreau ; ils apportaient, dans leurs rapports personnels, un sentiment très éveillé de la hiérarchie et des préséances.

De grands à petits, la cordialité était chose rare, pour ne pas dire inconnue, et il n'y a pas quarante ans encore, certains premiers présidents n'invitaient leurs visiteurs à prendre un siège qu'à partir du grade de conseiller. Inutile d'ajouter qu'enfoncés dans leurs cravates blanches, ils se montraient parcimonieux de la moindre poignée de main. D'ailleurs, d'une façon générale, la magistrature assise, forte de son inamovibilité, se gardait d'oublier qu'elle avait le pas sur la magistrature debout ; elle entendait en recevoir beaucoup d'hommages et lui en rendre le moins possible. Peut-être en voulait-elle à messieurs du parquet de leur avancement plus rapide, sans tenir compte de l'instabilité de leur situation, de leurs risques de disgrâce ou de défaveur !

Tous, au demeurant, étaient remplis de morgue.

Les échos du Palais rapportent qu'un bâtonnier parisien, glacial d'allures et renfrogné de visage, ne permit à un premier secrétaire de la Conférence de l'aborder dans la salle des Pas-Perdus que le jour seulement où le jeune maître lui fut adjoint comme secrétaire de la colonne qu'il présidait. D'une telle hauteur, on pourrait citer maints exemples chez les magistrats du siècle dernier. Et, cette hauteur, ils l'avaient héritée en droite ligne des Parlements.

C'est Bellart qui a raconté ce savoureux souvenir de jeunesse.

Pendant les vacances judiciaires de 1787, le président à mortier Lepeletier de Saint-Fargeau arriva chez son ami, l'avocat général Hérault de Séchelles, au château d'Epône, et lui annonça qu'il s'était arrangé pour lui consacrer huit grands jours. « Vous verrez, dit l'amphitryon à Bellart, qu'il ne restera même pas à diner. — Comment ? Pourquoi ? — Vous le saurez plus tard, mais vous verrez si je prophétise juste. » La cloche du déjeuner sonna, et Saint-Fargeau reconnut alors, au nombre des convives, Vitry, procureur au Parlement. Il fit assez froide mine, ne desserra pas les dents de tout le repas, sortit quelques minutes vers la fin, puis s'en fut reprendre sa place. On vit aussitôt son valet de chambre lui apporter des lettres qu'il alla lire dans une embrasure de croisée. Incontinent, il déclara à son hôte, avec toutes les apparences de la contrariété la mieux jouée, qu'à son grand désespoir il devait regagner Paris en poste, rappelé qu'il était par une affaire de toute importance. La voiture partie au trot de ses chevaux, le châtelain d'Epône éclata de rire, et Bellart commença à comprendre. Un procureur, c'est-à-dire une manière d'avoué, avait mis en fuite un président à mortier, et Lepeletier de Saint-Fargeau eût pensé déchoir en voisinant davantage, sur un pied d'égalité, avec un simple Vitry.

Et ce même Lepeletier de Saint-Fargeau, si infatué d'orgueil, si dédaigneux des procureurs au parlement, bien que certains roulassent carrosse et tirassent de leurs offices, bon an mal an, cinquante mille livres, allait bientôt devenir un des fervents adeptes du nouveau régime. Il allait exalter l'égalité et la fraternité. Il allait même voter la mort du roi, ce qui lui fut d'ailleurs immédiatement fatal.

Ce n'est pas dire que, pendant la Révolution, la morgue ait été complètement bannie des prétoires. Malgré le tutoiement général, les juges prenaient de grands airs sous leurs petits manteaux et leurs chapeaux à plumes. Mais elle reparut en souveraine, une fois que Napoléon eut créé l'organisation judiciaire qui nous régit encore aujourd'hui. Même entre magistrats, les distances furent jalousement observées. Le *siège* se montra gardien vigilant de ses prérogatives, et il s'ingénia à bien marquer, dans les audiences solennelles, la séparation qu'il entendait mettre entre lui et le *parquet*, les *gens du roi*, comme on disait autrefois.

Rien de plus curieux à cet égard que la cérémonie qui se déroula, le 3 novembre 1841, sous les voûtes séculaires du palais de justice de Rouen.

La Cour royale avait à installer, ce jour-là, MM. Franck Carré et Gauthier qui venaient d'être nommés par le même décret : l'un premier président, l'autre procureur général.

On fit bien les choses, car on voulait une audience fastueuse ; on la régla même dans ses plus minutieux détails, mais ce fut pour s'appliquer soigneusement à ne pas rendre aux récipiendaires, bien qu'ils portassent, l'un et l'autre, la toque à quatre galons d'or et la robe écarlate rehaussée d'hermine, les mêmes hommages et les mêmes honneurs.

Tout d'abord, de zélés conseillers se mirent à compulser les archives du Parlement de Normandie. Ils recoururent en outre aux souvenirs et aux traditions. Bref, ils organisèrent une représentation à grand spectacle, ayant son rituel et sa liturgie, quelque chose comme les vêpres du chapitre dans une cathédrale.

On prit pour temple la salle de la Cour d'assises, vaste autant que majestueuse, encore bien que son plafond l'écrase quelque peu, l'ancienne Chambre du plaidoyer où Henri II avait rendu la justice, Charles IX déclaré sa majorité et le chancelier de l'Hospital fait entendre sa voix. On la drapa de tentures avec faisceaux de drapeaux tricolores. On convia les autorités civiles et religieuses en leurs costumes officiels. On mit sur pied la garnison, les soldats faisant une double haie depuis la rue.

Processionnellement, la Cour royale — trente-quatre robes rouges dehors — se rendit de la chambre du conseil à la salle d'assises, en traversant, au milieu d'une forêt de baïonnettes, la cour intérieure et la cour extérieure du vieux Palais. Elle monta le grand escalier et se déroula comme un collier de rubis à travers l'immense salle des Pas-Perdus, pour arriver au prétoire par la grande porte.

Alors, précédés d'une députation de magistrats, M. Franck Carré et M. Gauthier suivirent le même chemin. Quand ils firent leur entrée, les huissiers audienciers annoncèrent, à haute et intelligible voix: *M. le Premier Président.* Pas un mot de plus.

Toques à la main, les deux nouveaux chefs s'inclinèrent alors devant les membres de la Cour qui leur rendirent leur salut en se découvrant, mais en restant assis. Seul, le doyen des présidents de chambre eut le privilège — et il en sentait tout le prix — de garder son bonnet à trois galons sur la tête.

Ce fut lui qui procéda à l'installation de M. Franck Carré. Il l'invita ensuite à venir prendre place au fauteuil des premiers présidents. Au moment où l'élu commençait à gravir à pas lents les marches de l'estrade, la Cour tout entière se leva, et, jusqu'à ce qu'il se fut assis, tous demeurèrent debout et tête nue.

Avec le procureur général, on en usa de façon plus cavalière. Quand, installé à son tour, M. Gauthier vint occuper son fauteuil à la droite de ses avocats généraux et de ses substituts, les conseillers se bornèrent à soulever leurs toques. Défense de se lever. La consigne était formelle et les distances avaient été bien gardées.

Tous ces rites accomplis, on entendit de pompeuses harangues. Il n'y en eut pas moins de quatre : celle du président doyen, celle du premier avocat général et celles des deux récipiendaires.

Et la *Gazette des Tribunaux*, si déchaînée contre les magistrats de la Restauration, ne trouva, cette fois, rien à redire :

Tout, écrivit-elle, a été réglé avec un soin un peu minutieux, peut-être, mais qui n'est pas sans dignité, en combinant, autant qu'on l'a pu, les formalités des préséances de la législation moderne avec les solennités de l'ancien Parlement.

CHAPITRE VI

SES PÉCHÉS MIGNONS

UN dernier trait, pour en finir avec les magistrats d'autrefois. Ils étaient gourmands et se connaissaient en bonne chère. Sans faire à cet égard de personnalités, bien qu'il en soit d'historiques, on peut dire qu'ils comprenaient la table et s'y tenaient fort bien. Certes, leur dignité et l'usage ne leur eussent pas permis de fumer au Palais ou dans la rue, ni surtout de paraître dans un café, et nul premier président n'aurait eu besoin — tel ce bâtonnier, ennemi acharné du tabac, qui suivait à la piste les stagiaires en mal de cigarettes — d'aller flairer les murs de la chambre du conseil, mais ils prenaient leur revanche dans le huis clos de leurs réunions. Ils savaient recevoir et se recevoir, déguster en gourmets les bons crus et les petits plats, fumer des cigares de choix, quelque ménagers qu'ils fussent de leur fortune.

Quand Balzac dessina la déplaisante figure du président de Ronceret, « un grand homme sec et mince, à front fuyant, à cheveux grêles et châtains, aux yeux vairons, à teint couperosé, dont la voix éteinte faisait entendre le sifflement gras de l'asthme », il ne manqua pas d'indiquer que, malgré sa pente à l'avarice, le chef de la compagnie judiciaire d'Alençon recevait une fois par semaine et que, chaque trimestre, il donnait « un grand dîner à trois services, tambouriné dans la ville, servi dans une détestable vaisselle, mais confectionné avec la science qui distingue les cuisinières de province ». Et l'auteur du *Cabinet des Antiques* ajoute : « Ce repas gargantuesque durait six heures. »

Que de palais dans mon Palais! disait le roi Bobèche dans l'opéra-bouffe *Barbe-Bleue*, qui fit fureur sous le Second Empire. Le mot eût convenu à beaucoup de magistrats d'autrefois.

Ajoutons qu'ils étaient grands chasseurs devant l'Éternel, tout au moins en province. Habitudes de jeunesse ou conséquence encore d'une vie sédentaire et trop inactive. Avec des chiens qu'ils avaient tout le temps de dresser eux-mêmes et malgré les fusils médiocres dont on disposait alors, ils arrivaient à abattre de nombreuses pièces. Mais partout le gibier était abondant et peu fuyard. Par exemple, ils tenaient le délit de chasse pour un crime. Malheur, trois fois malheur aux braconniers qui, opérant dans l'arrondissement où ils jugeaient, se faisaient prendre! Le maximum de toutes les peines prévues par la loi leur était impitoyablement appliqué.

Tels étaient ces hommes, avec leurs petitesses, leur

vanité un peu ridicule, leur sybaritisme, leurs inégales lumières, leur entêtement du passé, l'archaïsme de leurs méthodes, leur sévérité implacable, mais aussi leurs traditions, leur esprit de corps, leur souci d'être justes à force de rigueur, l'indépendance chez un grand nombre et, par-dessus tout, une vertu maîtresse qu'ils ont léguée à leurs successeurs et dont il sera parlé plus loin, vertu pour laquelle il doit leur être beaucoup pardonné et qui demeure, à travers les vicissitudes politiques, comme l'honneur de la magistrature.

CHAPITRE VII

LE MAGISTRAT D'AUJOURD'HUI

LE magistrat d'aujourd'hui!

Ne se recrutant pas exclusivement, comme son devancier, dans un milieu social restreint, celui de la bourgeoisie aisée, il ne fait plus caste à part. En général, et jusqu'à ce que l'âge soit venu, il ne fuit pas le monde et il respecte la mode; il joue au tennis, il connaît l'automobile, il surveille la cote de la Bourse, il est officier de réserve, il s'est quelque peu syndiqué. Il entre dans une carrière *démocratisée* avec les mêmes aspirations et les mêmes espoirs que les autres fonctionnaires, car fonctionnaire il est devenu bien plus qu'autrefois. Il vise à faire son chemin, et, comme il est plus ambitieux et moins riche que ses aînés pour lesquels l'avancement gardait surtout un caractère honorifique, force lui est donc de ne pas dédaigner l'augmentation de traitement, même médiocre, qui correspond à un échelon gravi. Et c'est alors un perpétuel voyage à travers la France, Paris demeurant le pays de ses rêves et le centre unique où tout doit aboutir. Souvent, et d'une main fiévreuse, il feuillette l'*annuaire*, car il existe un annuaire de la magistrature comme il existe un annuaire de l'armée.

Ce magistrat d'aujourd'hui, vous plait-il de le voir débuter ? Voici, notées, quelques impressions qu'il reconnaitra sans doute et saluera au passage :

CHAPITRE VIII

SON ENTRÉE DANS LA CARRIÈRE

QUITTER Paris en pleine jeunesse ; débarquer, après un pénible voyage et par un temps maussade, dans une ville de province, où les rues silencieuses sont bordées de vieux hôtels hautainement discrets et où l'herbe pousse entre les pierres ; franchir, un peu ému, le seuil de l'ancien Parlement qui abrite la Cour d'appel ; être reçu sur le mode cérémonieux par le premier président, d'une façon plus familière par le procureur général ; accompagner, sous la redingote désuète et le ridicule haut-de-forme, dans une calèche branlante traînée par le cheval de l'Apocalypse lui-même, le concierge du Palais qui vous promène de la ville haute à la ville basse et jusque dans la banlieue ; l'attendre, sous les regards amusés des passants, pendant qu'il va sonner aux portes des magistrats de la Cour pour remettre la carte de visite, dont vous fûtes si fier quand l'imprimeur vous la livra : *X... juge suppléant au Tribunal civil — X-sur-Z.* ; déjeuner en toute hâte ; revenir au Palais de Justice, quand la ruche avocassière commence à bourdonner ; revêtir avec une joie enfantine la robe noire à simarre de soie ; coiffer la toque au large galon d'argent ; s'entourer la taille d'une ceinture d'un bleu criard, qu'on dirait détachée du col d'une enfant de Marie ; s'emprisonner les doigts dans des gants blancs trop justes et trop neufs ; occuper un moment tout seul la majestueuse chambre du conseil, lambrissée de chêne ; y regarder avec un certain respect les vieux portraits qui décorent les murs : figures grimaçantes ou faces rubicondes des présidents entourés d'hermine et de pourpre, dont les ossements sont depuis longtemps retournés à la terre ; se sentir poussé par votre guide du matin dans la salle de la première chambre, demeurée la même, sous ses lambris austères, qu'au temps où siégeaient des magistrats à perruques et à mortiers ; se lever à l'entrée de la Cour ; apercevoir, dans le cadre de leurs fauteuils, cinq hommes d'âge mûr, sinon tout à fait vieux, qui n'ont revêtu en votre honneur que leurs rabats défraîchis et leurs robes fanées de tous les jours ; avoir le sentiment confus qu'ils vous regardent curieusement et vous envient peut-être, en songeant à leur lointaine prestation de serment ; répondre, en affermissant sa voix : *Je le jure*, quand M. le Premier vous demande : *Vous jurez et promettez de bien et fidèlement remplir vos fonctions, de garder religieusement le secret des délibérations et de vous conduire en tout comme un digne et loyal magistrat ;* ainsi consacré, gagner par un train d'une lenteur désespérante — et il n'en est

que trois par jour — le chef-lieu d'arrondissement où
vous êtes appelé à rendre la justice, aussi longtemps
qu'il plaira au hasard; prendre contact pour la première
fois avec des inconnus, devenus vos chefs ou vos collègues, tous plus ou moins engourdis par leurs habitudes, le manque d'impressions et la somnolence des
petites villes; être installé dans vos nouvelles fonctions
avec moins d'apparat encore que lorsque vous prêtâtes
serment devant la Cour d'appel; détester, rien que d'en
avoir fait le tour sous la pluie, la bourgade où vous êtes
condamné à vivre; aller de porte en porte pour vos
visites officielles, pendant que, derrière chaque fenêtre,
des yeux invisibles vous observent et vous détaillent;
sentir l'ennui sourdre de chaque pavé; le soir, patauger
dans des flaques d'eau sous de lointains et pâles réver-
bères; après cette morne et fatigante journée, retrouver
votre chambre d'hôtel au lit Louis-Philippe enfoncé
dans l'alcôve et drapé de rideaux de serge verte; essuyer
un pleur à la pensée de votre exil et de votre solitude,
sans vous douter qu'un jour peut-être vous verserez de
vraies larmes, quand il vous faudra quitter ces lieux,
dont vous emporterez des souvenirs et des amitiés qui
ne s'éteindront qu'avec votre vie, n'est-ce pas là l'histoire de plus d'un début dans la magistrature de province?

Ce jeune juge suppléant, que deviendra-t-il? C'est
le secret du destin. Prendra-t-il racine dans la région

où il fut transplanté et y poursuivra-t-il, jusqu'à l'heure de la retraite, une médiocre carrière, en se bornant à gravir un ou deux échelons ? Même digne de s'élever beaucoup plus haut, s'abandonnera-t-il au doute de soi-même, à sa nonchalance, à sa répugnance pour toute démarche ? Ce sera l'exception. Succombera-t-il au lent enlisement, à la torpeur de la petite ville, et perdra-t-il le contact avec Paris ? Sera-t-il victime d'un de ces ostracismes qui ne pardonnent jamais ? Ou bien, emporté par son ambition, servi par ses moyens, poussé par ses influences, brûlera-t-il les étapes ? Reviendra-t-il en conquérant à son point de départ ? Entrera-t-il au parquet de la Seine, prêt à affronter le jugement, souvent sévère, de la grande presse, et surtout celui du barreau parisien ? Et, s'il monte encore, ne regrettera-t-il pas, après une vie, tourmentée et fiévreuse, de n'être pas demeuré, comme un sage, sur le petit coin de terre d'où il prit son essor ?...

CHAPITRE IX

SON APPRENTISSAGE

MAIS, presque toujours, pour ne pas dire toujours, quand il débute, il pense bien faire une carrière. Inamovible de son titre, il n'entend pas l'être de sa personne. Il aspire à devenir juge ou substitut; et quand il sera l'un ou l'autre, président ou procureur; et quand il sera l'un ou l'autre, conseiller ou avocat général; et quand il sera l'un ou l'autre, il voudra s'élever plus haut. Tout suppléant emporte, dans la valise qu'il tendit au cocher de l'omnibus, le jour où il vint résider dans sa première ville, le rabat de dentelle et le mortier à large galon d'or des membres de la Cour suprême.

Le temps n'est plus, en effet, où beaucoup de magistrats limitaient leurs ambitions aux horizons de leur province. Attachés par les racines profondes au sol natal, ayant pignon sur rue et terres au soleil, endormis par une vie plantureuse et quiète, riches de loisirs, tout déplacement, au surplus, étant, sous le règne des diligences, un long voyage, ils ne demandaient plus rien à Dieu et aux hommes. Pour eux, la fonction judiciaire, chichement payée, représentait une sorte d'apanage, un supplément de considération et d'influence, et il s'attachait alors à la robe de juge un respect quasi superstitieux. Où pouvaient-ils être mieux, ceux qui la portaient, sinon dans la ville où ils avaient leur maison, leurs habitudes, leurs intérêts, leurs manies et leurs amitiés de toujours ? Les uns cultivaient la muse, en traduisant en vers les *Odes* d'Horace ou les *Géorgiques* de Virgile. Les autres cultivaient leur jardin et, tel le vice-président Blondet du *Cabinet des Antiques*, traitaient leurs fleurs comme des sultanes; d'autres, accessoirement à leurs marottes, se complaisaient à l'étude du droit et y devenaient d'une jolie force. C'étaient ces obscurs jurisconsultes qui étayaient un édifice demeuré majestueux, en dépit de ses lézardes.

On plaidait d'ailleurs beaucoup plus qu'aujourd'hui, mais de tels désœuvrés avaient le temps de faire un sort à chaque affaire, si misérable que fût l'intérêt du litige, et d'écouter, pendant des heures d'horloge, d'interminables verbiages. C'est qu'ils étaient très nombreux — trop nombreux — et vraiment un président de tribunal avait alors tous les droits au titre, devenu bien suranné, de *chef de compagnie*, qu'on avait accoutumé de lui donner. Sait-on qu'à une époque, pas très lointaine encore, la plus modeste Cour de provinc comptait vingt conseillers ? Sait-on que le tribunal le plus inoccupé de France, Florac, Barcelonnette ou Castellane par exemple, où le concierge sonnait la cloche, quand, d'aventure, se tenait une audience, se composait d'un président, de deux juges titulaires, de deux juges suppléants, d'un procureur et d'un substitut ? Il n'était nulle part de composition plus réduite.

Depuis, des coupes sombres ont été pratiquées, à plusieurs reprises, dans des rangs aussi compacts, sans que jamais des tribunaux on ait voulu diminuer le nombre. Mais on est arrivé à ce résultat que beaucoup, incapables de se constituer par leurs propres moyens les jours d'audience, doivent demander des renforts. Et le juge suppléant, véritable *maître Jacques* de la magistrature, puisqu'il peut indifféremment passer du parquet au siège et du siège au parquet, tenir l'emploi d'un substitut ou d'un procureur, s'asseoir dans le fauteuil d'un juge ou encore faire l'instruction, voyage pour les compléter. C'est pour cette raison que d'aucuns, fort irrespectueusement, l'appellent le *juge baladeur*.

Quels sont, à ses débuts, son état d'âme et ses curiosités ? Comment se dessinent ses aptitudes ? L'auteur peut d'autant mieux en disserter qu'il est passé lui-même par toutes ces épreuves. Mais il entend parler surtout du juge suppléant de la lointaine province, car le jeune magistrat qui a la bonne fortune de faire ses premières armes dans le ressort de Paris, citadelle qui n'ouvre pas facilement ses portes aux étrangers, ne sera jamais exposé aux mêmes déceptions et aux mêmes amertumes. Il est en effet tellement près de la capitale qu'il ne perd jamais le contact avec elle, si même il n'y a conservé un pied-à-terre et — doit-on le dire ? — de toutes les rues de la petite ville que le garde des sceaux lui a assignée pour séjour, son chemin préféré sera l'avenue de la gare. C'est qu'il n'est pas soumis, par la force des choses, à une résidence quasi ininterrompue, dont il ne peut s'évader qu'au prix d'un coûteux et interminable voyage, même pour se rendre au siège de la Cour. Il n'a pas l'impression, que beaucoup ont eue, de se trouver prisonnier dans une enceinte fortifiée. Pour emprunter une comparaison à la vie de collège, il est l'*externe*, tandis que son collègue provincial est l'*interne*.

Quoi qu'il en soit, voici notre débutant dans la place, ou plutôt dans le cabinet du substitut, car, si l'emploi a été supprimé, presque partout le local demeure.

Son menu quotidien se composera, pour partie, de besognes assez monotones, souvent désuètes et parfois mesquines. Il se fera bureaucrate et paperassier malgré lui, car on n'imagine guère le flot de rapports, d'imprimés, de notices, d'états et de correspondances de toute nature qui passe, chaque vingt-quatre heures, par un parquet, même de moyenne importance. Tâche mécanique, servile, dont les formules n'ont guère varié depuis 1810, et qui fait songer, en ce temps de machines rotatives et de téléphone, au télégraphe Chappe et à la presse à bras.

Il n'y a pas encore vingt-cinq ans, on accusait réception en termes solennels de la moindre lettre à toute autorité égale ou supérieure, et nul magistrat ne se fût dispensé de terminer une dépêche officielle — on dit encore dépêche — par une formule de politesse dont il avait appris à doser le respect ou la simple courtoisie, suivant le rang du fonctionnaire auquel il s'adressait. A tout juge suppléant, le procureur général apparaissait comme, dans un lointain Olympe, une sorte de Jupiter armé du pouvoir de lancer la foudre. Son courrier était reçu avec vénération et ouvert avec crainte.

On tenait d'innombrables registres. La communication la plus insignifiante se faisait par étapes successives, à telle enseigne que, si le parquet de la Cour voulait aviser un chicaneur que sa plainte ne comportait aucune suite, il en informait le procureur de la République, lequel en informait le juge de paix, lequel en informait le maire, lequel usait du garde champêtre. Et c'étaient, au retour, les mêmes haltes, avec une correspondance toujours grossissante. Encore n'oserais-je pas affirmer qu'à l'heure actuelle un seul de ces rouages ait été supprimé !

Chaque mois, chaque trimestre, chaque semestre, de nombreux états prennent, en pesantes liasses, le chemin du parquet général. On met la chancellerie au courant, on l'y mettait du moins, du nombre des billets d'avertissement délivrés par les greffiers de justice de paix en matière de conciliation, de celui des condamnations prononcées pour tenue de jeux de hasard, de celui des jurés défaillants, de cent autres choses encore. Mais le magistrat novice n'avait pas à s'effrayer outre mesure. Pour répondre aux prescriptions d'antiques circulaires, il lui suffisait plus d'une fois d'aveindre un imprimé et de le remplir du mot libérateur : néant.

Plus lourde devient sa besogne, quand on le charge de vérifier, une fois par année, les registres de l'état civil de tout l'arrondissement, surtout de confectionner le grand compte criminel. Si son astre, en naissant, ne l'a formé calculateur, il pourra pâlir des soirées entières sur des classifications à l'infini et des colonnes de chiffres, qu'il s'agira de faire cadrer d'un état à l'autre. Il lui faudra récapituler numériquement, et ranger sous maintes rubriques, les crimes, les délits, les décisions rendues, les contumaces, les récidives, les appels, les pourvois, les personnes poursuivies, avec leur âge, leur sexe, leur métier, leur résidence urbaine ou rurale, leur degré d'instruction, sans oublier les frais de justice, les suicides et les morts accidentelles. Quiconque a mis la main, ne fût-ce qu'une fois en sa vie, à cette statistique, a revu dans ses rêves un certain état 17, le plus terrifiant de tous....

Et c'est pour aboutir parfois à des résultats imprévus, bien que conformes à la froide rigueur des chiffres.

Un vieux magistrat le constatait d'une façon plaisante :

« Je prends, disait-il, deux présidents de tribunal. L'un juge avec une telle expérience du droit et des procès que les hommes d'affaires conseillent à leurs clients de s'en tenir là. Pendant toute l'année, une seule de ses décisions a été déférée à la Cour et, par extraordinaire, elle n'y a pas trouvé grâce. L'autre, juriste médiocre, a vu cinquante de ses jugements frappés d'appel et vingt-cinq seulement maintenus. Lequel se classe le mieux... au regard de la statistique ? Le second, sans aucun doute. Cinquante pour cent de réformations, c'est beaucoup, certes ! Mais son collègue, le juge impeccable, s'inscrit avec cent pour cent ; il détient le record.

Pour en revenir à l'administration intérieure d'un parquet, si la *paperasserie* y atteint des hauteurs insoupçonnées, tout n'est pas à critiquer dans ce système d'enregistrement méthodique qui permet de suivre la moindre affaire à la piste et de la retrouver instantanément au milieu de dix mille autres. Il n'est pas mauvais du reste que le débutant connaisse le mécanisme et les rouages de la machine judiciaire, au volant de laquelle il peut se trouver un jour ; qu'il descende même aux besognes confiées à de simples secrétaires dans les grands parquets. Avant de lancer des ponts audacieux ou de construire des locomotives, l'ingénieur a revêtu le bourgeron et la cotte bleue, il a appris le métier d'aiguilleur, de chauffeur, de mécanicien, bien d'autres encore....

Au surplus, que le juge suppléant se rassure. Il ne sera pas longtemps condamné à ces seuls travaux. De même que le soldat passe de la corvée de quartier et du monotone maniement d'armes à la manœuvre en pleine campagne et au tir, il prendra vite contact avec les réalités vivantes. Il verra de près la passion, la cruauté, la cupidité et la violence dans leurs manifestations les plus dangereuses pour l'ordre social. Comme un confesseur, il recevra le dépôt de lourds secrets. Il connaîtra de l'espèce humaine toutes les verrues. Il lui faudra démasquer bien des ruses, et les situations les plus dramatiques que l'imagination d'un romancier puisse concevoir, il les rencontrera toutes faites, et plus dramatiques encore. C'est ici que son embarras commencera, mais c'est seulement à cette épreuve que se révélera sa vocation. Et si plus tard, chargé d'ans et d'honneurs, il se plaît à évoquer ses souvenirs, il ne se rappellera pas sans une pointe d'émotion son premier flagrant délit, son premier réquisitoire, son premier transport de justice....

CHAPITRE X

SON PREMIER FLAGRANT DÉLIT

SON premier flagrant délit! Il lui apparut un jour sous les espèces d'un sombre Jean Valjean ou d'un jovial Jean Hiroux, chapardeur ou vagabond impénitent, qui en revient toujours, dans son voyage ininterrompu à travers la France, à certaines prisons dont l'humeur du gardien-chef lui agrée. Poussé par les gendarmes, l'homme entre dans un cabinet dont il connaît les moindres recoins. Il regarde si les cartons sont bien à leur place. Il n'est pas long à deviner le *nouveau* dans le magistrat dont il voit pour la première fois la figure et qui met à l'interroger une certaine gaucherie. Il l'observe sous cape. Il lui soufflerait, au besoin, les textes du Code pénal et, quand il le voit à la recherche des imprimés dont il a besoin et se tromper de casier, il le remet parfois sur la bonne route; il lui indique, s'il est besoin, la place des mandats de dépôt....

A fréquenter les parquets, le vieux *cheval de retour* devient familier et ironique. A l'époque de mes débuts lointains, je me trouvais dans une petite ville fort inclémente. C'était à l'entrée de l'hiver. Je m'étais attardé un soir dans mon cabinet à travailler et, sans y prendre garde, j'avais laissé s'éteindre le maigre feu de bois qui brûlait dans la cheminée. Au moment où j'allais sortir, on m'amena un trimardeur, voleur de profession. Je le vois encore, avec sa casquette en poil de lapin, sa barbe hirsute, une paire de souliers de rechange sur l'épaule et sa besace pleine de croûtes de pain rassis que la charité ou la peur lui avait permis de recueillir dans les fermes. Il niait les faits, et moi, lui faisant subir un interrogatoire en règle, j'employai toute mon éloquence à le convaincre et à le confondre. J'accumulai les preuves, sans qu'il me fît l'honneur d'une réponse. Depuis un moment, mon hôte farouche, bien qu'accoutumé à la dure et insoucieux des climats, remuait dans ses guenilles et jetait de-ci de-là des regards anxieux. Enveloppés dans leurs grands manteaux, les gendarmes s'étaient mis à surveiller ses gestes, et je pensais qu'accablé par la puissance de mes raisonnements, il allait, comme on dit en style de procès-verbal, entrer dans la voie des aveux. Comme je lisais mal en son âme! Quand il se décida à ouvrir la bouche, ce fut pour me jeter, d'une voix dédaigneusement courroucée :

« Ce n'est pas pour dire, mais il fait joliment froid dans votre boîte. »

Faites donc de la logique quand la cendre du foyer est froide !

CHAPITRE XI

SON PREMIER RÉQUISITOIRE

SON premier réquisitoire ! Avant l'institution, relativement récente, d'un examen d'aptitude, le candidat à la suppléance, pourvu qu'il eût atteint sa vingt-cinquième année, n'avait qu'à présenter un banal diplôme de licencié en droit et à justifier d'un stage d'avocat qu'il avait parfois omis de prendre au sérieux. Titres à la vérité un peu minces ! Neuf fois sur dix, c'était donc comme accusateur qu'il prenait pour la première fois la parole en public, et je vous laisse à penser combien il se sentait mal à l'aise dans sa robe trop neuve, quand il se levait à l'invitation du président : « Monsieur le procureur, vous avez la parole ! »

L'affaire était déplorablement banale, mais il avait écrit d'un bout à l'autre son réquisitoire, et, pour plus de sûreté, il l'avait appris par cœur. Timide, rougissant comme une jeune fille, l'œil terne, le geste fébrile, la voix mal assurée, balbutiant même, il récitait vite, trop vite, sa leçon, avec la terreur, visible pour tous, de ne pas aller jusqu'au bout, soit que la mémoire lui fît défaut, soit que, dans son désarroi, il ne pût retrouver sur son papier la phrase au milieu de laquelle la fatalité voudrait qu'il restât en panne.

Une fois, c'est bien. Mais que le néophyte y prenne garde. S'il ne se sent pas le courage de changer rapidement de méthode, d'essayer de marcher sans lisières, d'improviser, devrait-il parler moins correctement, de se mettre à l'unisson de ceux qui ont suivi le débat oral, de se jeter à l'eau en un mot, il sera voué, jusqu'à la fin de sa carrière, à un travail de laboratoire, c'est-à-dire à l'impuissance. Il *avancera* peut-être, mais il ne *progressera* pas. Il ne sentira pas le dieu intérieur, le dieu de la pythonisse, l'agiter de son souffle. Il usera ses veilles à noircir des feuillets, véritable travail de forçat. Il ne deviendra pas orateur.

J'ai connu un président qui, pour guérir du *trac* ses jeunes collègues, les obliger à parler au pied levé et à trouver sur-le-champ une réponse à des objections qu'ils n'avaient pas su prévoir, ne leur donnait la parole qu'après avoir entendu l'avocat : c'était au demeurant l'application pure et simple de l'article 190 du Code d'instruction criminelle qui dit, en propres termes : « Le prévenu proposera sa défense; le procureur de la République résumera l'affaire et donnera ses conclusions; le prévenu pourra répliquer ». Il fallait bien alors que le ministère public se débrouillât et fît porter son effort improvisé sur le terrain où il avait plu à l'avocat de l'entraîner. Comment aurait-il osé lire un réquisitoire qui pouvait ne plus être de circonstance, après que l'adversaire avait abattu ses cartes?

Excellente école que de parler le second, mais encore fallait-il que le magistrat ainsi mis à l'épreuve voulût bien surmonter sa timidité ou sa paresse intellectuelle; que, possédant à fond la procédure et ayant suivi attentivement l'audience, il fût prompt à modifier son plan de bataille et à parer les coups à l'endroit où il venait d'être attaqué; qu'enfin et surtout, il fût doué, à son insu peut-être, d'un tempérament oratoire. Sans doute, certains ne se sont révélés qu'après de pénibles et décourageants efforts, mais de tels exemples sont rares. Au surplus, la flamme de l'éloquence était en eux, et il suffisait de creuser profond pour la faire jaillir.

Le président dont j'ai parlé n'est plus de ce monde, mais j'en sais qui lui doivent de n'être pas restés d'incorrigibles liseurs ou d'impénitents récitateurs. Il leur a appris à avoir confiance en eux-mêmes. Certains, par contre, se refusèrent à semblable effort, et ils trouvèrent plus expédient, quand la parole leur était donnée pour répondre à l'avocat, de s'en tenir à deux formules :

« Je demande l'application de la loi »

ou :

« Je m'en rapporte à l'appréciation du tribunal. »

Et, bravement, ils ont continué leur carrière dans les parquets....

Mais, pour les conclusions à donner dans les procès

civils, la méthode est tout autre. Ici, plus d'improvisation. L'affaire doit être approfondie, pièce par pièce, dans le silence du cabinet et toute une bibliothèque de droit à portée de la main. S'abandonner à une impression d'audience sans avoir vu les dossiers et parler *sur le siège* conduirait à de lourdes erreurs. Certains avocats savent jongler avec les difficultés et avec les chiffres ; ils ont l'art de répandre une fausse lumière sur les questions les plus obscures, et, si leur adversaire est de force inégale, le mirage subsiste. A la méditation et à l'étude seulement, la fissure apparaîtra.

Que le ministère public appelé à donner son avis, que le juge appelé à décider veuillent bien relire celle des *Lettres persanes* où Rica écrit à Usbeck :

J'allais l'autre jour dîner chez un homme de robe qui m'en avait prié plusieurs fois. Après avoir parlé de bien des choses, je lui dis : « Monsieur, il me paraît que votre métier est bien pénible ? — Pas tant que vous l'imaginez, répondit-il.... Si vous connaissiez le Palais, vous ne parleriez pas comme vous faites. Nous avons des livres vivants qui sont les avocats ; ils travaillent pour nous et se chargent de nous instruire. — Et ne se chargent-ils pas aussi quelquefois de vous tromper? lui repartis-je. Vous ne feriez donc pas mal de vous garantir de leurs embûches ; ils ont des armes avec lesquelles ils atta-

queront votre équité; il serait bon que vous en eussiez
pour la défense et que vous n'allassiez pas vous
mettre dans la mêlée, habillés à la légère, parmi des
gens cuirassés jusqu'aux dents.

CHAPITRE XII

SON PREMIER TRANSPORT
DE JUSTICE

SON premier transport sur les lieux! Son premier crime! Qui n'a pas résidé, à un moment de sa carrière de magistrat, dans un de ces arrondissements perdus dont les mélancoliques solitudes sont encore peu explorées, ne saura jamais de quelle poésie sinistre et sombre pouvait s'accompagner une descente de justice. On partait la nuit pour arriver au petit jour; parfois, il était nécessaire de relayer, les mêmes chevaux ne pouvant accomplir tout le voyage. On se calfeutrait de son mieux dans une patache, genoux contre genoux, une couverture servant à tous : représentant du parquet, juge d'instruction, greffier, médecin légiste. Quant la côte était longue, on la montait à pied pour se dégourdir les jambes et assister au lever du soleil. Les routes étaient rares; souvent, elles se changeaient, sans prévenir, en chemins de traverse, où il fallait bien s'aventurer, sous peine de ne pas arriver à l'étape. A mesure qu'on avançait, le site devenait plus sauvage, comme s'il eût appelé le crime et que le malfaiteur l'eût choisi à dessein. Et puis, brusquement, à une croisée de sentiers ou à l'orée d'un bois, se détachait — véritable ombre chinoise — la silhouette d'un gendarme mis à cette place pour attendre les magistrats et leur servir de guide. Plus loin encore, c'était, autour d'un cadavre, dont un drap blanc voilait la face et un crucifix barrait la poitrine, une foule immobile, formée des habitants des hameaux voisins. Farouches, les hommes parlaient à voix basse en roulant leurs chapeaux entre leurs doigts; les femmes marmottaient des prières, en l'attitude éplorée que les peintres ont donnée à leurs personnages dans les descentes de croix....

Comme on se sentait loin de Paris où, pour accomplir un transport criminel, les magistrats n'ont qu'à arrêter la première auto qui passe et à jeter au chauffeur, avec un nom de rue, un numéro d'immeuble! Nul ne prête attention à eux. Il est vrai qu'ils peuvent n'apparaître qu'après la bataille gagnée et pour entériner le travail de la police judiciaire, une des premières du monde.

Dans les arrondissements ruraux, tout est à faire. Il faut que le juge se débrouille par ses propres moyens; qu'il perquisitionne lui-même; qu'il organise sur-le-champ un plan d'attaque, quand le temps presse, quand le télégraphe est à plusieurs kilomètres, quand les gendarmes, pour auxiliaires admirables qu'ils soient, portent un uniforme qui intimide et se voit de trop loin, même allégé du légendaire bicorne....

On s'installe comme on peut dans l'unique pièce d'une chaumière; des enfants dorment dans le même berceau; au coin de l'âtre, un vieillard égrotant toussote; le cadavre, recousu après l'autopsie par le médecin légiste, a été déposé sur un lit; le greffier a étalé ses papiers au bas bout de la longue table qui sert aux repas, et tout le hameau dépose.... Comment arracher quelques parcelles de leurs secrets à des témoins frustes, craintifs, silencieux, défiants à un degré suprême, toujours en état de ruse ouverte contre la loi ? Comment démasquer l'imposture ou le mensonge sous les airs patelins et les façons benoîtes ? C'est l'art du juge, et le débutant qui se tire à son honneur d'une aussi périlleuse épreuve a reçu des dieux le don de la sagacité, le *permis d'instruire* les affaires criminelles. Mais peut-être ne se sera-t-il révélé à lui-même que parce que son apprentissage aura commencé par un crime paysan, de toutes les affaires la plus difficile à élucider qui soit.

Son premier transport sur les lieux! Il se le rappellera plus d'une fois sans doute, quand, plus tard, devenu, on le doit espérer, juge d'instruction à Paris, mûri sinon blasé par l'âge, le téléphone à portée de sa main, l'anthropométrie prête à le seconder, les plus fins limiers à ses ordres, il n'aura guère à sortir de son cabinet, où, dans les affaires sanglantes, la police lui apporte, sur un plat d'argent, sa besogne aux trois quarts faite. Il se reverra, le jour de son premier crime, dans une région abrupte, cheminant le long d'un sentier à pic, le même que suivit l'assassin, et s'appliquant à revivre le drame dans l'atmosphère même où la mort se trouva passer. Il se reverra relevant des empreintes de pas, ramassant, nouveau Sherlock Holmes, l'objet le plus banal : un morceau de papier, un bouton, un clou, une ficelle, et puis, brusquement, à la nuit close, s'il s'est éloigné de ses compagnons, sentant passer sur lui le frisson de la peur.

Ce frisson, je l'éprouvai, il y a vingt-deux ans, en une circonstance de ma carrière que je n'ai jamais oubliée.

J'étais, en ce temps-là, procureur de la République, et, un dimanche, j'eus à me transporter avec le juge d'instruction dans un bourg normand, voisin de la côte, où un crime affreux avait été commis au cours de la nuit précédente.

Là vivait, avec sa fille âgée de seize ans, fort jolie personne, une veuve ayant dépassé la cinquantaine.

Elle passait pour avoir un magot et tenait un petit café, quelque peu à l'écart de l'agglomération. Il me suffit de fermer les yeux pour revoir la maison, toute en torchis, avec un poirier en espalier le long du mur, et, de l'autre côté de la route, un vaste horizon de prairies.

Au rez-de-chaussée, trois pièces en enfilade : une cuisine, une salle de débit et une chambre à coucher.

Au-dessus, un grenier assez vaste, dans lequel la jeune fille avait son lit.

La cuisine donnait sur un petit jardin. Seule, la salle de café s'ouvrait sur la voie publique par une porte garnie d'imposants verrous. Mais, ce qui ne s'accordait guère avec une aussi légitime précaution de la part de deux femmes seules, aucune fenêtre n'avait de volets.

Le matin même, le laitier avait trouvé entre-bâillée la porte de la cuisine. Il ne s'en était pas ému outre mesure, car sa cliente avait pour habitude de se lever tôt. Mais, quand il avait voulu s'avancer de quelques pas, il avait constaté un certain désordre et tout aussitôt aperçu, gisant sur le plancher, le corps de la cabaretière. Il avait cru à une syncope et s'en était allé jeter l'alarme chez les voisins. Ceux-ci étaient accourus et, sur-le-champ, toute l'atrocité du crime leur avait été révélée.

La veuve avait reçu vingt et une blessures dans la région du cœur, la plupart à peine visibles. La jeune fille, dont le cadavre fut découvert dans la troisième pièce du rez-de-chaussée, en travers de la porte, avait été frappée dans les mêmes conditions d'acharnement et de sauvagerie. La poitrine, toute nue sous la chemise ouverte, portait dix-huit plaies.

Après un premier et rapide examen, les médecins légistes crurent qu'un revolver avait été l'arme du crime, mais, à la stupéfaction générale, la double autopsie démontra — et ce simple exemple atteste la nécessité des autopsies, même lorsqu'elles paraissent le plus inutiles — que le malfaiteur s'était servi d'un instrument à lame triangulaire, tel qu'une canne à épée.

Il avait fouillé l'armoire de la maison, mais, dans son trouble ou sa hâte, il était passé à côté de l'argent sans le découvrir, à moins que la cupidité n'eût pas été son mobile et qu'en bouleversant tout il eût voulu organiser une mise en scène.

Les lieux explorés, il nous fut facile de reconstituer les diverses phases du drame.

Quelqu'un était venu par le jardin, le samedi, tard dans la soirée, un familier sans doute, et la veuve, après avoir passé un jupon, lui avait ouvert sans défiance la porte de la cuisine. Il lui avait demandé de l'eau-de-vie à emporter. Le flacon était encore sur la table, coiffé d'un entonnoir.

Immédiatement ou après une conversation, une discussion peut-être, l'homme frappe la débitante d'un coup de l'instrument qu'il tient à la main. Elle pousse un cri, elle chancelle, elle tombe. Il redouble, dix fois, vingt fois....

Mais la fille a entendu. Elle saute à bas de son lit et, en chemise, se précipite dans l'escalier, accrochant au passage les longues chaines d'un coucou, qu'elle arrête net à minuit moins dix. Avec une présence d'esprit incroyable, elle court à la dernière pièce — la chambre de sa mère — où elle sait trouver un revolver tout chargé. Elle assure l'arme dans sa petite main et fait face. L'assassin qui l'a suivie est devant elle. Elle presse la détente. Fatalité! Le coup ne part pas; le mécanisme est enrayé.

Alors, la tuerie s'achève, et je me souviendrai toute ma vie de l'expression d'épouvante qui s'était pour toujours imprimée dans les yeux grands ouverts de cette enfant de seize ans.

Pendant plusieurs heures, nous pensâmes bien avoir découvert le criminel en la personne d'un ouvrier ébéniste contre lequel le hasard avait accumulé assez de charges pour l'envoyer devant la Cour d'assises, quand un alibi péremptoire le lava, le jour même, de toute suspicion.

Deux témoins avaient assisté à toute la scène, mais ils ne parlaient pas : c'étaient un petit chien et un perroquet.

Jusqu'au soir, et pendant que les gendarmes parcouraient la campagne, nous restâmes dans la maison même du crime: le juge d'instruction, entendant des gens du pays, une déposition appelant l'autre ; moi, furetant dans les coins, avec l'espoir de découvrir tout à coup quelque chose — je ne sais quoi — qui livrerait le secret de ce sombre drame. De guerre lasse, nous abandonnâmes la place à huit heures et fûmes dîner à l'auberge, avant de regagner notre résidence.

Mais une sorte d'attraction me rappelait sur les lieux. Il me semblait que je devais chercher encore, et que, dans la solitude, je trouverais davantage l'indice révélateur qui m'avait échappé, peut-être parce que trop visible.

Je m'absentai sous un prétexte quelconque, et, après m'être pourvu d'un morceau de bougie, je me dirigeai vers la maison, dont j'avais eu soin de conserver la clef. La nuit était épaisse comme de la poix et le vent soufflait, venant du large.

La porte ouverte, j'allumai mon lumignon et je m'avançai. Les deux femmes gisaient dans la salle de débit, celle même par laquelle je venais d'entrer, et, sur leurs corps, on avait jeté un grand drap. Je contournai l'obstacle et gagnai, par la cuisine, l'escalier qui menait à la chambre de la jeune fille. Les chaînes du *coucou* pendaient, arrachées à demi, et les marches, en bois de sapin, résonnèrent désagréablement sous mes pas. Pourtant, je n'éprouvai encore qu'une vague sensation de malaise et ce fut sans trop d'inquiétude que je visitai les tiroirs, recherchant surtout les lettres et les papiers. Je ne découvris qu'un pauvre cahier de devoirs, où l'écriture était appliquée, le style correct et l'orthographe impeccable. A la dernière page, une narration était restée au milieu d'une phrase.

Je lisais à côté du lit encore en désordre, quand, brusquement, la flamme de ma bougie vacilla et je dus, pour y voir, en redresser la mèche. Quelque chose craqua dans la pièce au-dessous, sans doute le bois d'un meuble qui jouait. Mais, cette supposition si simple, je ne la fis pas. J'eus peur. Comme si un éclair eût passé, je revécus la scène hideuse qui s'était accomplie, la veille même et à une heure voisine, dans cette maison maudite où je me trouvais seul — seul avec les deux mortes. Je vis la jeune fille réveillée en sursaut, se dressant, les yeux fous, puis dégringolant l'escalier au secours de sa mère et se laissant acculer, désarmée, dans la dernière pièce du logis, quand la fuite par le jardin était sa seule chance de salut. J'eus peur, je le dis sans fausse honte, et je compris qu'il me serait impossible de demeurer une seconde encore. Ce fut un de ces effrois soudains, irraisonnés, irrésistibles, où le sang se glace et où la volonté ne commande plus aux nerfs. Retenant mon souffle, marchant sur la pointe du pied, mais secoué d'un long frisson quand je frôlai à nouveau le suaire, je refis en sens inverse le chemin que j'avais déjà parcouru et je gagnai la porte. Au moment où je la refermais, le vent se chargea d'éteindre ma bougie. A pas rapides et sans regarder en arrière, je ralliai le bourg et je gardai mes réflexions pour moi.

Oui, ce sont parfois de terrifiants souvenirs que ceux qui sommeillent au fond de la mémoire, et, durant leur carrière, les magistrats ont eu bien des occasions de voyager au pays de l'épouvante. Quand, au déclin, tous échelons gravis, ils ont accédé aux régions sereines de la Cour suprême, quand, sous les lambris somptueux d'une salle où toute couleur s'estompe, tout bruit s'assourdit et toute lumière éclaire en veilleuse, ils n'entendent plus parler que de droit pur, peut-être se surprennent-ils à évoquer des réalités plus âpres, et jusqu'à des cauchemars, parce que c'est évoquer du même coup le temps de leur jeunesse....

CHAPITRE XIII

LE MAGISTRAT ARRIVÉ

ON prête à un garde des sceaux, obsédé sans doute ce jour-là de recommandations, cette parole amère : « Il existe deux sortes de magistrats : ceux qui travaillent et ceux qui avancent », et, avant lui, l'humoriste Commerson avait trouvé cet aphorisme : « L'incapacité elle-même, sans la tenue, ne mène à rien. »

Ce sont là boutades qui ont pu s'inspirer, hélas! de quelques exemples trop visibles; mais il serait profondément injuste de généraliser. Dans l'ensemble, le magistrat moderne mérite d'être jugé autrement que par un mot d'esprit.

La vérité, c'est qu'il offre plusieurs types, parfois aussi opposés que possible. Mais, à ne signaler que les traits communs, on peut dire que, lancé davantage qu'autrefois dans le tourbillon de la vie mondaine, fort peu casanier, surveillé par la presse, dont les critiques, pas plus que les éloges, ne lui sont indifférents, il est beaucoup moins asservi que jadis à l'esprit de corps. Il a fort perdu de cette austérité qui jetait sur les tribunaux comme une grisaille de cloître. Il conserve ses goûts, ses tendances, ses opinions....

Arrière, cette rigueur que rien ne pouvait fléchir et qui faisait de lui une machine à condamner. Il s'est ouvert à des sentiments infiniment plus pitoyables, à telle enseigne que, dans une circulaire du 11 juillet 1910, le ministre de la Justice dut signaler les abus de l'application de la loi de sursis, les juges semblant la considérer comme un droit pour tout condamné primaire et se refusant à appliquer à la récidive les sanctions indispensables.

Généralement, il connaît mal les langues mortes, et on peut le regretter. Son excuse, c'est que les baccalauréats actuels, qui embrassent tant de matières, les ont reléguées au second plan; c'est que la génération s'est éteinte des magistrats pour lesquels le discours ou le vers latin, comme aussi la traduction du grec, étaient demeurés les délices de leur âge mûr. Pourtant, les humanités, comme on les enseignait autrefois, donnaient à l'esprit une souplesse, un sens du goût et de la mesure qui s'accordait fort bien avec l'art de juger. J'en atteste les grands ancêtres : Montaigne, Montesquieu, La Boétie, Hénault, de Brosses, Rotrou et le plus moderne, Brillat-Savarin. Tous ont illustré les compagnies judiciaires auxquelles ils appartinrent, et je ne sache pas que ceux qui les quittèrent pour les belles-lettres aient eu à se repentir d'avoir ajouté à leurs magnifiques études classiques la connaissance du droit, une des constructions les plus méthodiques et les plus harmonieuses du génie humain. Leur culture générale ne put qu'y gagner en profondeur. Mais quel homme de robe serait capable aujourd'hui de traduire Lucrèce en vers français, comme le président Larombière, mort à la Cour suprême en 1893, ou de réciter, aux abords de la septantaine, un chant complet de l'*Iliade*, comme un vieux conseiller de province qu'il me souvient d'avoir rencontré au temps où j'allais au collège ?

C'était pousser un peu loin l'amour du latin et du grec, pas autant toutefois que ce président de province, en fonctions il n'y a pas trente ans, qui, chargé d'une enquête à l'occasion d'une question d'eaux, demandait gravement à une campagnarde, déjà peu familiarisée avec une autre langue que le patois :

« Enfin, ma pauvre femme, je vous pose une question bien simple. Dites-moi où est le *caput aquæ ?* »

Trop d'idolâtrie autrefois, trop de désaffection actuellement pour le latin, dont pourtant les maximes et les formules lapidaires demeurent la clef de voûte du droit. La sagesse eût voulu peut-être qu'on ne passât pas d'un extrême à l'autre et que, ces maximes, on continuât à les pouvoir traduire couramment, car, pour parler une dernière fois la langue de Cicéron et de Quintilien : *In medio stat virtus.*

Parfois, le magistrat moderne soigne sa réputation,

trop.... Que de mauvais jugements ou de mots déplacés dans une enceinte de justice sont venus du désir d'être sacré *juge bien parisien* et surtout *bon juge*. Mais la faute en est un peu à la presse, qui l'encourage à garder un rôle abordé une fois par hasard, et ce jour-là peut-être sans arrière-pensée de réclame.

En tout cas, il a perdu — et qui lui en ferait grief ? — l'insupportable morgue de jadis, « cette dignité, a écrit Balzac, qui n'a pas de points d'appui ». Mais, avec l'évolution des mœurs, il a laissé le barreau pas mal empiéter sur l'autorité dont l'a investi la loi. Et ceci a été la rançon de cela.

Enfin, pour reprendre un mot de Bellart, il est moins *routiné* qu'autrefois. L'extrême complication de la vie ne lui en laisse plus le temps. Mais, s'il a moins approfondi le droit, s'il a tendance à juger en fait et à faire rentrer les espèces les unes dans les autres, il voit plus vite. Il est aussi mieux aidé. Depuis cent ans et davantage encore que tous les articles de nos Codes ont donné naissance à une véritable floraison de jugements et d'arrêts, la jurisprudence a résolu à peu près tous les cas. Il a donc moins à la faire qu'à l'appliquer. Il parle une langue plus brève et plus précise. Il s'attache à la réalité des choses, et le côté pratique de la question lui apparaît d'abord.

Ainsi différent de ses devanciers, il n'a pas, en dépit de la communauté d'origine, la même tournure d'esprit que l'avocat. C'est que les exercices auxquels l'un et l'autre se livrent rendent le premier plus mesuré et le second plus subtil. Plus savant juriste, plus éloquent, l'avocat s'en tient dans son for intérieur à l'indécision. A force de trop voir et de soutenir des thèses contradictoires, il voit trouble. Il ne saisit que les objections; les solutions le fuient. Et c'est ce qui explique qu'appelé à compléter parfois un tribunal ou même à y prendre place définitivement, il se montre fort expert à retourner le litige sous toutes ses faces, mais fort embarrassé pour le résoudre.

Dans *le Monde comme il va*, Voltaire raconte que Babouc, visitant Persépolis, commença par se scandaliser du contraste par trop marqué entre les têtes chenues des avocats et les figures juvéniles des magistrats, mais qu'après avoir assisté à une audience, il modifia ses impressions premières :

Tous ces vieux avocats étaient flottants dans leurs opinions; ils alléguaient cent lois, dont aucune n'était applicable au fond de la question ; ils regardaient l'affaire par cent côtés, dont aucun n'était dans son vrai jour; les juges décidèrent plus vite que les magistrats ne doutèrent... Leur jugement fut presque unanime ; ils jugèrent bien parce qu'ils suivaient les lumières de la raison, et les autres avaien opiné mal, parce qu'ils n'avaient consulté que leurs livres.

Ajoutons, pour ne rien oublier, que, docile aux fantaisies de la mode, le magistrat moderne a, depuis quelques années, tendance à revenir à la lèvre rase. Simple coquetterie. Ce n'est pas pour se donner l'air grave, c'est pour se donner l'air jeune.

Le magistrat moderne, on dirait que Balzac l'a deviné, Balzac qui a tout dit, tout prévu et auquel il faut toujours revenir, quand on traite un sujet d'ordre psychologique ou social. Qu'on relise plutôt, dans le *Cabinet des Antiques*, la page consacrée au juge suppléant Michu :

Sous un apparent laisser-aller, il cachait l'esprit supérieur d'un homme qui avait étudié à Paris.... Habitué à traiter largement tous les sujets, il faisait rapidement ce qui occupait longtemps le vieux Blondet et le président, auxquels il résumait souvent les questions difficiles à résoudre. Dans les conjonctures délicates, le président et le vice-président consultaient leur juge suppléant, ils lui confiaient les délibérés épineux et s'émerveillaient toujours de sa promptitude à leur apporter une besogne où le vieux Blondet ne trouvait rien à reprendre.... Il était de toutes les parties de campagne, gambadait avec les jeunes personnes, courtisait les mères, dansait au bal.... Enfin, il s'acquittait à merveille de son rôle de magistrat fashionable, sans néanmoins compromettre sa dignité, qu'il savait faire intervenir à propos, en homme d'esprit.

Convient-il d'accentuer le portrait davantage ? C'est qu'il y aurait presque autant de types à dépeindre que les Cours et les Tribunaux de France comptent de magistrats. Les traits communs suffisent, et le cadre de cet ouvrage ne se prête qu'à une esquisse rapide. D'ailleurs, l'aspect des prétoires ne s'est guère modifié aux audiences civiles ; l'administration d'un parquet s'inspire des mêmes traditions et des mêmes formules que jadis. Il faut pousser la porte de la Cour d'assises ou entrer dans un cabinet d'instruction pour s'apercevoir des modifications profondes qu'ici la présence de l'avocat, là de nouveaux usages ont apportées à un ordre de choses qui régna longtemps en souverain.

Vous plaît-il alors de voir à l'œuvre les magistrats qui ont le plus modifié leur manière : l'un, le juge d'instruction, sur l'ordre de la loi ; les autres, le président des assises et le représentant du ministère public, sous l'influence des mœurs ?

CHAPITRE XIV

LE PRÉSIDENT DES ASSISES

A tout seigneur tout honneur. D'abord, le président des assises.

Un lieutenant criminel, excellent homme dans le privé, voulant prouver combien sa carrière avait été utilement remplie, se plaisait à énumérer tous les malfaiteurs qu'il avait fait pendre :

« Et combien d'innocents, lui demanda quelqu'un, avez-vous acquittés durant votre longue magistrature ?

— Ma foi, répondit-il le plus naivement du monde, je n'en ai point tenu note. »

S'il a pu exister autrefois des présidents d'assises dont la préoccupation dominante était d'obtenir, coûte que coûte, des condamnations et de considérer leurs *tableaux de chasse* ou comme un titre à l'avancement, ou comme une consécration du mérite exceptionnel que, dans leur for intérieur, ils n'hésitaient pas à s'attribuer, l'espèce en a depuis longtemps disparu.

Aujourd'hui, les mêmes magistrats apportent plus de scepticisme dans l'exercice de leurs fonctions; ils rendent des ordonnances d'acquittement sans aucune mauvaise humeur apparente; s'ils prononcent une condamnation capitale, ils concluent souvent à la grâce dans leur rapport au président de la République; bien loin de se montrer impitoyables, ils ne demandent qu'à entrer en composition avec le jury et à appliquer la peine conformément à son désir.

Mais aussi combien ils diffèrent de ceux qui les ont précédés!

Napoléon Ier avait tenu à entourer le président des assises d'un faste rare et d'exceptionnels honneurs. Chose singulière, du reste, le décret du 27 février 1811, par lequel il les institua, n'a jamais été abrogé. Le temps seul s'est chargé d'effriter et même d'abolir un cérémonial que nos pères ont connu et qui nous paraîtrait bien suranné. Une brigade de gendarmerie, commandée par un officier, se portait, cent pas au delà des portes de la ville, à la rencontre du conseiller désigné par le garde des sceaux; elle escortait sa voiture, sabres au clair et bicornes en bataille. Un appartement « décent et commode » lui était aménagé, soit à l'hôtel de ville, soit au palais de justice. A la porte veillait une garde d'honneur, et le factionnaire, auquel il avait droit jour et nuit pendant tout le temps de sa résidence, lui présentait les armes. Le maire et les adjoints le recevaient au haut de l'escalier conduisant à ses appartements et avaient mission de l'y installer. A l'intérieur l'attendait le tribunal tout entier, venu, en robes noires et en ceintures bleues, pour lui présenter ses hommages. Chaque corps de troupe était tenu de lui envoyer une délégation composée d'un officier supérieur et d'un officier de chaque grade. Tous les officiers de gendarmerie lui devaient visite. Il n'avait à se déplacer que pour le préfet du département.

Que les temps sont changés! Aujourd'hui, le président des assises est une personne modeste et discrète. A peine descendu, la valise à la main, de son compartiment où nul ne l'a remarqué (et je ne gagerais pas que ce soit toujours un compartiment de première), il se mêle à la foule, et son arrivée au palais de justice passe inaperçue.

Or, il n'y a pas encore cinquante ans, il semblait un dieu sévère descendu de l'Olympe. D'une voix tranchante, impérieuse, il dirigeait les débats à sa guise, dans une atmosphère de respect et de crainte. Le pouvoir discrétionnaire dont il est investi n'était pas un vain mot, j'en atteste le souvenir des vieux habitués de la Cour d'assises. Armé du code d'instruction criminelle, il écartait de la barre les témoins inutiles et pratiquait des coupes sombres dans tous les détails oiseux dont on s'avisait d'encombrer les débats. Les avocats — et non les moins illustres — ne se seraient pas avisés de poser une question sans passer par son organe, ni surtout de parler au jury de la peine. D'ailleurs, au moindre incident, ils se voyaient retirer sèchement la parole ou menacer de sanctions disciplinaires, et parfois l'avertissement était suivi d'effet. Ils assistaient, impatients mais silencieux, au duel inégal qu'il plaisait au président d'engager avec l'accusé et même avec certains témoins.

Surtout, le magistrat au pouvoir discrétionnaire disposait du *résumé*, de ce résumé redouté et redoutable dont la loi du 19 juin 1881 a sonné le glas.

J'en entendis prononcer un, quand j'avais dix ans, et mon impression fut telle que les phrases m'en demeurent encore fraîches à la mémoire. C'était dans une Cour d'assises de province, où mon père plaidait pour une empoisonneuse, et, sans qu'il le sût, la classe finie, j'avais trouvé moyen de me glisser dans la salle, grâce à la complicité du concierge. Entouré de deux juges en robe noire, un conseiller en robe rouge parlait assis, et c'était merveille de l'écouter. Il avait, à un degré rare, la maîtrise du verbe. D'ailleurs, à cette époque, peu de magistrats se souciaient de briguer une fonction qui les soumettait à si difficile épreuve. Mais il me parut qu'il glissait bien vite sur les arguments de la défense et qu'il mettait alors dans sa voix comme une pointe de dédain.

Sans doute, est-ce après un résumé de ce genre que Lachaud se dressa à la barre et prononça ces simples mots que le législateur entendit :

« Et moi, monsieur le Président ? »

Aujourd'hui, la façon de diriger les débats s'est modifiée du tout au tout. Mais, constatation fort curieuse, ce sont les mœurs seules qui ont évolué, car, depuis cent dix-huit ans, suppression du résumé mise à part, le code d'instruction criminelle, dans la partie qui concerne l'audience, n'a subi que peu ou point de modifications.

Le président continue à être investi du pouvoir discrétionnaire, qu'il peut exercer sans contrôle comme sans partage et sans autre limite que sa conscience. L'article 267 le charge personnellement de diriger les jurés dans l'exercice de leurs fonctions et de *leur exposer l'affaire*. L'article 270 lui fait une obligation « de rejeter tout ce qui tendrait à prolonger les débats, sans donner lieu d'espérer plus de certitude dans les résultats ». L'article 321 lui prescrit de veiller à ce que les témoins de la défense ne déposent que « des faits mentionnés dans l'acte d'accusation » ou de la moralité de l'accusé.

Ce sont là des privilèges et des pouvoirs quasi royaux, mais le président des assises n'y tient plus guère, et, de monarque absolu, il s'est fait monarque constitutionnel, très constitutionnel. Ainsi, il tolère souvent des interruptions au cours de l'interrogatoire. Quand les témoins défilent, il laisse le défenseur les interpeller directement, intervenir à tout propos, discuter et plaider avant l'heure. Il se fait homme du monde. On dirait qu'il répugne à user de ses prérogatives; ses rappels à l'ordre ou à la question n'ont plus le ton cassant et impératif d'autrefois. Sa parole, au surplus, semble devenue moins alerte et sa présence d'esprit moins immédiate depuis qu'il n'a plus de résumé à prononcer. Il souffre que, durant de longues audiences, des gens viennent se faire entendre, qui parlent de toute autre chose que de l'affaire....

Est-ce un bien ? Est-ce un mal ? L'auteur se gardera de prendre parti. Il veut se borner à ces simples réflexions :

Que le président permette à l'avocat de questionner les témoins sans intermédiaire, on ne peut qu'approuver. D'abord, c'est gagner du temps, et puis ne sait-on pas qu'une phrase se déforme toujours plus ou moins en changeant de bouche ? Qu'en dépit d'un texte formel il autorise la défense à parler aux jurés de la peine, qu'il tienne à les éclairer lui-même sur les conséquences de leur verdict, rien de plus rationnel et de plus humain. On ne peut vraiment demander à douze hommes inexpérimentés de répondre ce simple mot *oui* sans savoir à quoi ils s'engagent, et s'il y va de la mort, des travaux forcés ou de la réclusion.

Où on peut moins l'approuver, c'est quand il supporte que le défenseur s'immisce dans la direction des débats et bouscule les témoins de l'accusation. D'autre part, il faut reconnaître que certains procès qui ont passionné l'opinion et duré des semaines entières se seraient terminés en quelques heures, si le président avait résolument fermé la bouche aux conférenciers qui, à ces deux questions :

« Que savez-vous des faits mentionnés dans l'acte d'accusation ? »

et

« Que savez-vous de l'accusé ? »
n'auraient pu répondre qu'une seule parole :

« Rien. »

Ainsi, à travers les âges, s'est métamorphosé le président des assises, bien qu'à l'audience il porte le même costume et soit armé des mêmes pouvoirs qu'à l'époque du décret de 1811. L'ancêtre, plein de morgue et sans égards pour le barreau, aurait quelque peine à se reconnaître en l'aimable maître de maison, son successeur, trop disposé parfois à s'écrier, comme Sosie :

« Messieurs, ami de tout le monde. »

CHAPITRE XV

LE MINISTÈRE PUBLIC

LE ministère public, maintenant.

Lui aussi a changé de méthode. Jadis, il se jetait à corps perdu dans la mêlée et frappait d'estoc et de taille. Passionné toujours, agressif souvent, il voulait vaincre et rendait coup pour coup. Mais, comment l'eût-il pu faire sans la *réplique*?

La réplique, que prévoit d'ailleurs le code d'instruction criminelle, était tellement entrée dans les mœurs de l'audience qu'elle apparaissait comme un véritable rite. Même s'il n'en apercevait pas l'opportunité, l'accusateur ne pouvait s'y soustraire, sans abdiquer, sans se diminuer tout au moins. Il n'aurait plus osé reparaître à son siège, s'il n'eût rien trouvé à répondre à la plaidoirie de l'avocat.

Rappelons-nous ce passage du *Curé de village*, où Mme Graslin, dévorée de remords et d'angoisses, suit, de son lit de malade, les débats de l'affaire Tascheron :

Après la visite du médecin, Véronique eut celle de l'avocat général qui, tous les matins, la venait voir

*avant l'audience : « J'ai lu les plaidoiries hier,
lui dit-elle. Aujourd'hui vont commencer les répliques. »*

De ces répliques, on voit par le témoignage d'un con-
temporain quelle était l'ampleur, et, en ce temps-là,
si le ministère public était sûr de ne pas lâcher pied,
il usait d'une tactique redoutable. Pour lui, le grand art
consistait à ne pas abattre dès l'abord toutes ses cartes,
à se tenir au besoin, quand il prenait pour la première
fois la parole, dans une tonalité grisâtre, à amener le
défenseur à s'engager à fond, jusqu'à complet épuise-
ment de ses arguments et de ses moyens physiques.
Alors il pouvait l'avoir à sa merci. C'était sous forme
de réponse qu'il prononçait son véritable réquisitoire,
tirant de toutes ses batteries à la fois et détruisant
d'une manière à peu près infaillible l'effet de la
plaidoirie la plus émouvante. Malheur à l'avocat qui
n'avait pas assez de souffle ni de réserves d'éloquence
pour répliquer à son tour. Et cette fois, s'il voulait
gagner la partie, il fallait qu'il se surpassât.

Telle était autrefois la joute oratoire qui se déroulait,
ardente, sous les voûtes des prétoires d'assises. Elle
durait souvent des semaines entières. *Aujourd'hui
vont commencer les répliques.* Chacun s'efforçait de
désarçonner l'adversaire, si rompu que celui-ci pût
être à l'improvisation, et le défenseur devait déployer
un effort d'autant plus méritoire que le président avait

alors la parole le dernier, ce qui, en bon français, voulait dire le dernier mot.

Mais actuellement l'usage s'est établi de ne plus répliquer. Une fois que l'avocat général ou le procureur de la République a achevé son réquisitoire, il considère sa tâche comme terminée. Au jury de démêler ce qu'il peut y avoir de spécieux dans les arguments de la défense, d'inexact dans son récit des faits, de tendancieux dans l'appréciation qu'elle leur donne, d'inhumain pour les parents de la victime dans ses appels à l'impunité en faveur d'un criminel.

On dirait que le représentant du ministère public considère qu'il n'a pas à descendre des hauteurs sereines où règne l'idéale justice, que l'impassibilité doit être sa loi et que toute ardeur lui demeure interdite. Sentiments louables en soi. Mais, ce faisant, est-il bien sûr de ne pas usurper la fonction qui appartient en propre au président des assises ? Qu'il le veuille ou non, il remplit un rôle de belligérant. Il est dans l'arène; c'est pour s'y battre.

Soit, dira-t-on, mais la réplique s'impose-t-elle à ce point ? Après un réquisitoire précis, loyal, et dont la portée doit être d'autant plus grande qu'il aura été dépouillé de toute passion, pourquoi revenir à la charge ? A cet acharnement, l'accusation n'a-t-elle pas plus à perdre qu'à gagner ?

Peut-être, mais seulement quand la plaidoirie n'a

pas détruit l'effet du réquisitoire. Qu'on veuille bien ne pas oublier au surplus que la réplique n'était pas seulement une *arme*. Elle était encore une *école*, une excellente école d'improvisation et par conséquent d'éloquence. Elle offrait ce mérite incontestable de supprimer le *liseur*, ce faux orateur d'assises, dont l'espèce compte trop de représentants.

Regardez-le requérir : le nez dans ses papiers, s'il est myope; à deux pas de son pupitre, s'il a la bonne fortune d'être presbyte, et feignant alors, pour donner le change, de s'éloigner de son texte, sans en perdre de vue une syllabe, d'hésiter sur ses mots, quand il les a sous les yeux. Procédés purement artificiels et dont il n'y a à attendre aucun résultat.

Écrire un discours académique un mois à l'avance, puis s'installer au fauteuil de l'accusation, son dossier fermé, et se mettre à lire, avec l'unique souci de ne pas intervertir l'ordre de ses feuillets, non plus que d'en tourner deux à la fois, c'est ne rien connaître à l'ambiance de la Cour d'assises. C'est enlever à la harangue tout souffle de vie. C'est ennuyer les jurés jusqu'au bâillement. C'est leur parler d'un procès qu'ils ignorent, car il est bien rare qu'une affaire criminelle conserve, à l'audience, la physionomie qu'elle avait eue à l'instruction. Tel témoin qui avait dit peu de chose révèle brusquement un fait considérable. Tel autre, dont la déposition était la pierre angulaire de la poursuite, se trouble, perd la mémoire ou bien prétend qu'on a dénaturé ses paroles. Un détail, jusqu'alors négligé, s'enfle et grossit au point de bouleverser tout l'édifice. Le liseur fait alors piteuse figure. Au contraire, le ministère public qui requiert sur le débat, fût-ce en une langue incorrecte, qui ne quitte pas les jurés des yeux, est tout près de leur pensée et de leur cœur. Il leur rappelle un propos qu'ils ont entendu, une confrontation à laquelle ils viennent d'assister, un jeu de physionomie qu'ils ont pu surprendre sur le visage de l'accusé.... Il pétrit en quelque sorte de la chair vive. Il intéresse, il émeut, il convainc. Au criminel, telle est l'éloquence qui porte, la seule dont le magistrat puisse s'enorgueillir.

Certes, il existe dans nos parquets beaucoup d'orateurs de race, et certains brillent au sommet de la hiérarchie, qui se sont mesurés d'égal à égal avec les maîtres de la barre! Mais combien d'autres sont demeurés de fervents adeptes de l'*éloquence manuscrite*, pour n'avoir jamais voulu se risquer à parler sans lire, surtout pour avoir esquivé la réplique. On conçoit alors à quel travail de bénédictin ils se sont condamnés toute leur existence! Écrire, toujours écrire, répondre sur le papier à des objections qu'on ne leur fera peut-être pas, et prévoir rarement celles qu'on leur fera, se laisser démonter pour peu de chose, parce que leur esprit, mal exercé à la riposte, ne sait rien trouver que dans le huit clos du cabinet, autant d'humiliations que de besognes stériles. Et quand leur vue baisse et que la mémoire les trahit, ne leur permettant plus d'être en quelque sorte leurs propres souffleurs, c'est la déchéance totale. Au moins, ils n'ennuient plus, et qui sème l'ennui à la Cour d'assises récolte l'inattention, pour ne pas dire davantage.

Ainsi que l'a constaté M. de Cormenin dans sa langue savoureuse :

Lorsque le Français s'ennuie, il quitte la place et s'en va. S'il ne peut s'en aller, il reste et cause. S'il ne peut causer, il bâille et s'endort.

CHAPITRE XVI

LE JUGE D'INSTRUCTION

RESTE le juge d'instruction.

On prétend qu'autrefois, à un examen de droit, un étudiant s'entendit demander quel était l'homme le plus puissant de France.

Et comme, après avoir désigné le roi, sans obtenir le moindre signe d'encouragement, il se hasardait à parler du premier ministre, l'examinateur l'interrompit, non sans rudesse :

« Vous n'y êtes pas, monsieur. L'homme le plus puissant de France, c'est le juge d'instruction. »

Balzac l'avait déjà proclamé dans *Splendeurs et Misères des Courtisanes :*

Aucune puissance humaine, ni le roi, ni le garde des sceaux, ni le premier ministre, ne peut empiéter sur le pouvoir d'un juge d'instruction; rien ne l'arrête; rien ne lui commande. C'est un souverain soumis uniquement à sa conscience et à la loi.

Et maître Léon Cléry, qui possédait de l'esprit à revendre, autant qu'il savait d'anecdotes, a conté tout au long, dans la *Revue du Palais*, cette plaisante histoire:

Il y avait, vers 1840, un juge assez simple (il n'y en a plus !) dont je ne vous dirai pas le nom, très fier de sa fortune, qu'il évaluait lui-même à quarante mille livres de rente, chiffre assez élevé pour cette époque, surtout au Palais, et dont il parlait avec quelque complaisance.

Grâce à des protections que lui valurent son nom et sa fortune, il est nommé juge d'instruction.

Le voilà si fier de ce nouveau titre, qu'il n'avait jamais osé espérer, qu'il en perd un peu la tête, et, dans un dîner qu'il donne à des bourgeois, il décrit la puissance qu'il doit à ses nouvelles fonctions et, s'exaltant peu à peu, il en arrive à cette phrase :

« Oui demain, je voudrais faire arrêter le duc d'Orléans que je le pourrais ! »

Le lendemain, il arrive au Palais, et la première personne qu'il rencontre est Ph. Dupin, qui le prend à part et lui dit :

« Écoutez, mon cher d'A..., on dit que vous avez l'intention de faire arrêter le duc d'Orléans ? Je sais bien que vous en avez le pouvoir. Mais ne faites pas cela. Le roi est très bon père, et, quelque faute qu'ait commise ce jeune homme, il vous le pardonnerait difficilement. »

D'A..., abasourdi et se rappelant à peine son exaltation de la veille, balbutie :

« Mais comment ?... Je n'ai jamais dit cela... Le duc d'Orléans ? Vous plaisantez....

— Je ne plaisante pas. Je suis très pressé : on m'attend pour plaider. J'ai la chance de vous rencontrer assez à temps pour vous donner un bon conseil : profitez-en.

— Mais....

— Adieu ! profitez-en. »

Le malheureux d'A... tombe sur Paillet, avec sa grande taille, sa figure rasée toute longue et mince, son air de pince-sans-rire.

« Ah ! bonjour, mon cher d'A.... Justement, je vous cherchais. Dites donc.... Ça n'est pas sérieux, au moins, votre mandat d'amener contre le duc d'Orléans ? C'est très grave ce que vous allez faire là.

— Mais... jamais....

— Enfin, vous êtes le maître. Les pouvoirs d'un juge d'instruction sont énormes, mais... réfléchissez....

— Mais... je vous dis....

— Ah ! s'il y a des charges très sérieuses, je ne dis pas.... Mais réfléchissez avant de le faire arrêter.... Le roi ne vous le pardonnerait pas !... »

Et il s'esquiva.

Arrive Chaix d'Est-Ange, comme par hasard.

« Ah ! quelle chance de vous rencontrer, mon cher d'A.... Dites-donc, c'est très grave, hein ? Un homme comme vous ne se risquerait pas dans une pareille aventure, si....

— Mais quelle aventure ?

— Comment.... Quelle aventure ? Mais... le duc d'Orléans, que vous venez de faire arrêter. C'est égal, c'est très crâne ce que vous avez fait là. Mais, saperlipopette ! Il fallait un homme comme vous. Le duc d'Orléans ! Rien que cela !... Car le roi ne badine pas quand il s'agit de sa famille... et dame... l'héritier du trône !

— Mais, c'est absurde, muglssait l'autre, c'est odieux, c'est épouvantable ! Vous êtes le troisième qui me parlez de cette histoire ! Où avez-vous vu ?...

— Vous êtes discret : c'est très bien. Je ne vous demande pas les secrets de l'instruction. J'ai voulu simplement vous prévenir... s'il en était encore temps. »

Le dernier de ces aimables mystificateurs fut Delangle.

D'A..., déjà un peu exaspéré, essaye de lui faire comprendre qu'il était victime d'un malentendu et que ses intentions, vis-à-vis de la famille royale, ont toujours été plus pures que le cristal d'une source. Bien entendu, Delangle résiste à ses explications, et plus tard d'A... disait sérieusement :

« C'est drôle... Delangle ? On dit qu'il est intelligent. Eh bien ! je n'ai jamais pu lui faire comprendre que je n'avais pas fait arrêter le duc d'Orléans ! »

N'est-ce pas qu'on était gai dans la salle des Pas-perdus vers 1841 ?

On l'est moins aujourd'hui, car la guerre a passé, semant trop de deuils dans la famille judiciaire, et si, d'autre part, le juge d'instruction continue à détenir des pouvoirs considérables, c'est pour en user avec prudence et en parler avec plus de discrétion encore. Certes, il peut faire arrêter, ordonner des perquisitions et des saisies; le télégraphe est à ses ordres, comme la gendarmerie et la police. Mais son cabinet est devenu une maison de verre, depuis que la procédure secrète a vécu, que les journalistes assiègent sa porte et que l'avocat assiste à tous les interrogatoires. L'inculpé n'est plus seul; il voit à ses côtés l'homme qui l'aide de ses conseils et le réconforte de sa présence. Il connaît déjà toutes les armes du juge, puisque, la veille même, son défenseur a pris communication du dossier. Plus d'effet de surprise. Plus de lutte inégale et sans témoin. Il sait sur quel terrain se produira l'attaque. Il attend. Il est prêt....

Aussi, plus d'une cause célèbre n'aurait peut-être jamais affronté le grand jour de l'audience, si la loi sur l'instruction contradictoire, bientôt vieille de trente ans, eût été déjà en vigueur.

Je n'en veux pour exemple que l'affaire Anastay. Elle a fait assez de bruit à l'époque pour que le souvenir n'en soit point effacé encore.

L'émotion fut grande en effet, quand, le 5 décembre 1891, les journaux annoncèrent que la baronne Dellard avait été assassinée, la veille, dans son appartement du boulevard du Temple. A quatre heures et demie, un homme jeune et correctement vêtu avait demandé à la concierge à quel étage cette locataire habitait. Quelques instants plus tard, il était redescendu sans se presser, pendant que la bonne, Delphine Houbre, la gorge à demi coupée, criait à l'assassin.

Le drame avait été rapide. En l'absence de Delphine, sortie pour une petite course, la baronne était venue ouvrir elle-même. Le visiteur l'avait frappée à coups de couteau dans la salle à manger et l'avait achevée dans la chambre de son fils, où elle avait eu la force de se traîner. Puis, au moment où il commençait à fouiller les meubles, il avait été surpris par la bonne qui s'avançait, une petite lampe à la main. Il avait cherché à la tuer aussi, mais ses coups avaient été mal dirigés, et, comme elle se débattait en criant, il avait jugé à propos de gagner la rue.

Pendant quelques jours, l'instruction s'égara sur de fausses pistes, puis les soupçons se portèrent sur le sous-lieutenant Anastay, du 158° de ligne, en relations avec la famille Dellard et à la carrière duquel le fils, chef de bureau au Ministère de la Guerre, s'était intéressé.

Anastay se trouvait alors à Paris, en non-activité pour infirmités temporaires. Il ne pouvait donc ignorer un crime dont la nouvelle avait été criée, sur la voie publique, à tous les échos.

Et cependant il n'était pas venu apporter ses condoléances à son bienfaiteur; il ne lui avait même pas écrit. Très opportunément, M. Goron, chef de la Sûreté, partit de cet indice d'ordre psychologique, et des présomptions graves commençaient à s'amonceler sur la tête d'Anastay, quand le hasard se porta inopinément à son secours.

Une vieille dame fort honorable, qui demeurait boulevard Richard-Lenoir, à quelques centaines de mètres de la maison du crime, vint affirmer — et c'était la vérité — que l'officier avait dîné chez elle le 4 décembre et ne s'était retiré qu'à dix heures. Elle précisa qu'au moment où il était arrivé elle avait regardé la pendule : quatre heures sonnaient. La nuit commençait à tomber et, de toute façon, elle se disposait à allumer sa lampe.

Et l'assassinat avait eu lieu un peu avant cinq heures, en tout cas après quatre heures et demie. Les témoins du boulevard du Temple étaient formels à cet égard.

Arrêtons-nous un moment et demandons-nous ce qui serait arrivé, si l'instruction n'eût pas été secrète.

L'avocat, comme le lui commandaient incontestablement son droit et son devoir, se serait empressé de communiquer à son client cette déposition et, devant un alibi qui lui tombait ainsi du ciel, Anastay eût modifié sans doute tout son plan de défense. Qu'eût valu alors, contre l'alibi affirmé par une personne digne de foi, le témoignage de Delphine Houbre, qui n'avait entrevu l'assassin qu'à la lueur falote de sa lampe et dans une seconde tragique ?

Ah ! si Anastay avait su ! Mais Anastay ne savait pas. Et comme il ne savait pas, il ne fit aucune difficulté pour reconnaître qu'il n'avait sonné qu'à cinq heures boulevard Richard-Lenoir. Et, quand il eut confessé son crime dans ses plus minutieux détails, on sut que la pendule de la vieille dame retardait, circonstance ignorée de ce témoin.

On conçoit dès lors combien malaisée est devenue la tâche du juge d'instruction, ce qu'il lui faut de patience, de logique et de perspicacité pour déjouer le mensonge ou la ruse, de quels solides éléments de preuve il doit disposer pour pouvoir confondre un inculpé qui lit dans son jeu, connait d'avance toutes ses cartes, profite des lacunes et des erreurs du dossier, pour tout dire ne combat plus dans la nuit.

Si l'auteur de *Splendeurs et Misères des Courtisanes* revenait au monde, sans doute n'écrirait-il plus cette page, une des plus saisissantes du livre :

La situation des cabinets des juges d'instruction n'est pas indifférente, et si ce n'est pas avec intention qu'elle a été choisie, on doit avouer que le hasard, à Paris, a traité la justice en sœur. Ces magistrats sont comme les peintres ; ils ont besoin de la lumière égale et pure qui vient du nord, car le visage de leurs criminels est un tableau dont l'étude doit être constante. Aussi, presque tous les juges d'instruction placent-ils leur bureau de manière à tourner le dos au jour, et conséquemment à laisser la face de ceux qu'ils interrogent exposée à la lumière. Pas un d'eux, au bout de six mois d'exercice, ne manque à prendre un air distrait, indifférent, quand il ne porte pas de lunettes, tant que dure un interrogatoire. C'est à un subit changement de visage, observé par ce moyen et causé par une question faite à brûle-pourpoint, que fut due la découverte du crime commis par Castaing (1), au moment où, après une longue délibération avec le procureur général, le juge allait rendre ce crimi-

(1) Le docteur Edme-Samuel Castaing comparut devant les assises de la Seine, le 10 novembre 1823, sous l'accusation d'avoir empoisonné, avec de l'acétate de morphine, ses amis les frères Hippolyte et Auguste Ballet et d'avoir détruit le testament du premier.

Les débats se prolongèrent durant six audiences; ils mirent en lumière des charges très graves et aboutirent à une condamnation à mort.

Aussitôt Castaing se dressa en pied. D'une voix poignante, il en appela aux deux victimes, et, portant les mains à son cou, convia les assistants à son exécution.

La scène se passait à minuit, dans une salle où les lampes, mal entretenues, achevaient de s'éteindre. Alexandre Dumas, venu en curieux, sortit avec un serrement de cœur et jura de ne jamais se montrer inexorable, s'il avait à disposer du sort d'un homme.

L'exécution eut lieu le 6 décembre, en place de Grève.

nel à la société, faute de preuves. Ce petit détail peut indiquer aux gens les moins compréhensifs combien est vive, intéressante, curieuse, dramatique et terrible la lutte d'une instruction criminelle, lutte sans témoins, mais toujours écrite. Dieu sait ce qui reste sur le papier de la scène la plus glacialement ardente, où les yeux, l'accent, un tressaillement dans la face, la plus légère touche de coloris ajoutée par un sentiment, tout a été périlleux, comme entre sauvages qui s'observent pour se découvrir et se tuer. Un procès-verbal, ce n'est donc plus que les cendres de l'incendie.

Mais si l'instruction n'a plus ses coudées franches d'autrefois, si elle est assujettie au droit de regard de l'avocat, qui possède au surplus ses grandes entrées dans le cabinet du juge, si l'intimidation et la surprise lui sont armes défendues, la défense se trouve privée, le jour des débats publics, d'un de ses meilleurs effets d'audience. Il lui est désormais impossible de parler au jury — on devine avec quels accents — des tortures morales du secret, de « cette lutte sans témoins » où l'inculpé, soumis à une séquestration inhumaine, privé de tout conseil, ne connaissant de la procédure que ce qu'il plaisait à son inquisiteur de lui en montrer, harcelé de questions captieuses et longuement méditées, auxquelles il devait répondre à la minute même, finissait par perdre la mémoire et la raison....

CHAPITRE XVII

LA MAGISTRATURE!... CROYEZ-Y!...

CE petit livre touche à sa fin, mais, dans ce rapide voyage à travers le monde des magistrats, qu'ils soient d'aujourd'hui ou qu'ils soient d'hier, l'auteur n'a pas parlé encore de deux qualités, l'une louable, l'autre éminente, dont l'institution judiciaire ne peut que se trouver grandie.

C'est le courage professionnel. C'est surtout le désintéressement.

Le mépris du danger! Voici un procureur ou un juge d'instruction dans une petite ville. Il n'a pas de gendarmes à sa porte. Parfois, quand le palais est depuis longtemps désert, il reste à travailler dans son cabinet, car il se trouve livré à lui-même et obligé de prendre, sans le conseil de personne, de graves décisions. La loge du concierge est loin, occupée le plus souvent par un vieillard. Des pas s'approchent; ils résonnent d'une façon sinistre sur les dalles du corridor. On frappe. Le magistrat dit : « Entrez », et c'est peut-être la mort qui entre. J'en appelle à tous mes collègues qui ont fait leurs débuts en province. Lequel d'entre eux ne s'est

trouvé, au moins une fois, en tête à tête avec un persé-
cuté persécuteur, un énergumène ou un malfaiteur
armé ? L'homme le tenait à sa merci. Cependant, il
n'a pas tremblé, et je gage qu'il n'a pas plus songé au
péril certain que le médecin ne s'inquiète pour lui-
même de la contagion, lorsqu'il soigne certaines mala-
dies.

Et quand, il y a plus de trente ans, la terreur anarchiste passa sur Paris, quand, pour venger le libertaire
Decamp, condamné à une peine quasi dérisoire, l'ef-
froyable François-Claudius Kœnigstein, dit Ravachol,
fit exploser des marmites chargées de dynamite, d'abord
le 11 mars 1892, boulevard Saint-Germain, dans la
maison du conseiller Benoit qui avait présidé les assises,
puis, le 19, rue de Clichy, dans celle de l'avocat général
Bulot qui avait requis la peine capitale, les magistrats
demeurèrent impavides. Le 26 avril suivant, jour où
l'affaire vint à l'audience, on vit le procureur général
Quesnay de Beaurepaire monter, en grand costume, au
siège de l'accusateur. Cependant, la veille même, une
nouvelle marmite avait détruit, boulevard Magenta,
en blessant mortellement deux personnes, le restaurant
Véry, où Ravachol avait été arrêté, et les jurés délibé-
raient sous l'épouvante. Stoïque, bravant les bombes,
le chef du parquet fit entendre cet admirable et coura-
geux langage :

« Qui donc a peur ici devant la dynamite et devant

les Ravachol présents ou absents ? Sont-ce messieurs Benoît et Bulot ? Leur âme noble ne s'est pas troublée. Je le sais, ils sont tout prêts, aujourd'hui comme hier, à recommencer. Vous les avez vus; vous avez constaté leur calme, et si, pendant un instant, le premier n'a pu se défendre d'une émotion profonde, c'est qu'il songeait au danger auquel fut exposé son petit-fils. L'avocat général de service ne m'a cédé sa place qu'avec regret. Mais, moi, j'ai voulu endosser la responsabilité tout entière de la poursuite, de l'accusation et aussi de la sentence, puisque je la provoque. Eh bien! messieurs, ai-je l'air d'avoir peur ? Tous ici, magistrats, nous sommes à notre poste de combat et nous ne le déserterons point. Nous sommes des soldats. Si l'un tombe, l'autre ramasse le drapeau et marche en avant. Il y en aura toujours, des soldats et des magistrats, tant qu'il y aura des lois, un drapeau et une patrie!... »

Deux ans plus tard, presque jour pour jour, ce fut l'avocat général Bulot, le même qui avait failli périr dans l'explosion de la rue de Clichy, qui eut à porter la parole contre l'anarchiste Émile Henry, un redoutable manieur de bombes. Il n'hésita pas à réclamer avec la dernière énergie le châtiment suprême :

« Messieurs les jurés, s'écria-t-il, l'œuvre de justice ne peut être complète que par la peine capitale. Pourquoi ? parce que les travaux forcés perpétuels ne seraient pas, pour l'accusé, une répression suffisante, ni, pour la société, une sauvegarde. Ah! il le sait bien, lui qui songe déjà à l'évasion et qui s'évaderait, sans reculer devant n'importe quel crime. Ce n'est pas la mort d'un garde-chiourme qui arrêterait sa main, s'il était disposé à rentrer en France ou en Europe, et c'est la mort de bien des gens que causerait peut-être votre verdict, sous prétexte de sauver cette tête. Votre faiblesse serait sans excuse. Qui est-ce qui veut venger celui-là? Chaque jour, on déplore un attentat nouveau. Je vous le dis, les circonstances atténuantes constitueraient un acte d'abandon.... »

Quesnay de Beaurepaire n'avait pas été écouté. Bulot le fut.

Mais le plus beau fleuron de la couronne du juge — et ce dernier mot, pris dans son sens le plus large, désigne l'ensemble de la corporation — c'est encore la non-vénalité.

Voici des magistrats qui sont, à tout prendre, des hommes comme les autres. Même sous la robe, ils ne semblent pas toujours exempts des faiblesses, des erreurs et des passions. Regardez-les, au sortir du palais, leur serviette sous le bras, courir après leur tramway ou leur autobus. Ils disposent de la liberté des gens. Ils viennent peut-être de juger un procès où les intérêts les plus graves — intérêts de famille ou intérêts pécuniaires — se trouvaient en jeu. Ils ont remué des millions, et beaucoup sont sans fortune. Or, il n'est pas d'exemple qu'un seul — je dis bien un seul — ait jamais trafiqué de son pouvoir ou de son suffrage. Le libelle et la presse ne les ont pas épargnés, la calomnie et la malveillance se sont attachées à leurs pas; certaines rigueurs qui découlent de l'essence même de leurs fonctions ont contribué à les rendre peu populaires. Et cependant, du plus sceptique au plus mal intentionné des justiciables, nul n'a osé dire qu'ils se soient laissé corrompre pour de l'argent.

Saluons, saluons bien bas!

Dans une pièce connue, sans indulgence certes pour le corps judiciaire et où cette idée perce — inexacte aujourd'hui — que la *robe rouge* se donne à celui qui obtient le plus de condamnations, l'auteur n'a pu s'empêcher de rendre hommage à ce noble, à ce magnifique désintéressement.

Écoutons le vieux juge La Bousule parler de la magistrature, quand il est à la veille de prendre sa retraite :

Elle n'est pas vénale, voilà la vérité. Parmi nos quatre mille magistrats, on n'en trouverait peut-être pas un — vous entendez? pas un! même parmi les plus humbles et les plus pauvres — surtout parmi les plus humbles et les plus pauvres — qui acceptât de l'argent pour modifier son jugement. Ça, c'est la gloire et le monopole de la magistrature de notre pays....

Non, elle n'est pas vénale; elle a même d'autres qualités encore : sa dignité, sa simplicité de vie, surtout la discrétion avec laquelle un certain nombre de ses membres supportent une pauvreté que le public ne soupçonne guère. C'est là sa force, et ce qui fait que, malgré tout, on y croit encore... heureusement pour notre pays. Balzac l'a dit, et c'est à Balzac qu'il convient de laisser le dernier mot :

Se défier de la magistrature est un commencement de dissolution sociale.... Reconstruisez l'institution sur d'autres bases ; demandez-lui d'immenses garanties..., mais croyez-y....

TABLE DES MATIÈRES

IMPRIMERIE CRÉTÉ
CORBEIL (S.-ET-O.)
1205-11-1926